素材に挑む 虎ノ門

COHの料理

佐藤 慶

KADOKAWA

はじめに

　料理人は食材に勝てません。食材が主で、その良いところを引き立たせるために私たちの技術があります。しかも、その技術をどれだけ使わないようにするのか。これもできる、あれもしたい。いろいろトライした時期もありました。けれど、やればやるほど薄まっていく。私のエゴが食材のポテンシャルを下げてしまう。

　それぞれに考えはあるでしょう。私は食材が好きなので、なるべく触らないようにしています。醤油や砂糖も使いません。昆布や鰹節も必要としません。それらは圧倒的に美味しいために美味しい食材には強すぎます。逆に、それらを使うのならそこまで食材にこだわらなくても美味しい料理になってくれます。

　虎ノ門 嘯の料理は1日1コースのみです。内容は毎日、届く食材を見て決めます。流れに決まりはありません。皿数もまちまちです。調理法が重なる日もあります。生産者からポンと渡される食材から感じたままに組み立てる瞬発的な料理がお客様に喜ばれます。そのパフォーマンスを落とさないために、最初にご予約いただいた方の時間に合わせてお客様全員、一斉スタートでお願いしてきました。和食だからこれはしない、イタリア料理だからこれを使うというようなカテゴリーも頭の中にありません。お客様から「何料理ですか?」と聞かれたら「佐藤 慶の料理、でいいですか?」ということで許してもらっています。

　イノベーティブ・フュージョンという扱いやすい言葉があり、私の料理もそう呼ばれることがあります。今、料理の世界も一人ひとりが時代を変えることのできる黎明期です。ルールを疑い、自由でいい。けれど、中途半端な寄せ集めやマジックのようなものは、私は嫌だなと思います。パンを焼く、バターを作る、竈でお米を炊く、炭で焼く、蒸す、揚げる、切る。ピュアなもの同士でもっとピュアな味を生む。色を重ねるのではなく、黒い線だけの絵のような透明感と奥行き。それが虎ノ門 嘯の料理の真髄です。

　本書は2023年の春から冬まで、それぞれの日に食材をどう扱わせてもらったかの記録です。食材も料理も利那なもので同じものは二度と現れませんが、ひとつのヒントになり、全国の料理人さん、生産者さんから新しい何かが生まれたら大変嬉しく思います。

虎ノ門 嘯 店主　佐藤 慶

素材に挑む 虎ノ門 COH の料理

目次

レシピについて

本書では春夏秋冬、各季節の最後に、紹介した
料理の材料と作り方をまとめています。
その日の食材によって、材料や調味料などの量は
変わるため、分量は表記しておりません。
材料の組み立て、手順の参考になさってください。

STAFF
デザイン　清水 肇（bowhaus）
撮影　ローラン麻奈
校正　麦秋アートセンター
編集協力　深谷恵美
調理協力　神谷徳顕、重富玲来、吉次光輝

春の料理

弥生

～3月～

春風とともに幸せを感じる季節が訪れました。ですが現実には、空気中に黄砂など好ましくないものも混ざっていて、お客様は日中しんどい思いをされているかもしれません。お席に着いたらすぐに喉のイガイガを洗い流していただきたい。

そういうわけで、まずは決まりのスープから。その日、使う魚の骨を水で煮て、アクを引き、塩を加えたものです。

同じ意図から、この時期は特に、コースの最初は泡ものが気持ちよく飲める料理が好ましいと思っています。かといって、なぜか定番化されている酸味を利かせたジュレのような料理では、どうも落ち着けません。というのも、人の身体というものは正確で、寒いのか暑いのかよくわからないこの時期に、温かいスープを身体に入れたところで、次に冷たい料理を出されるのは嫌なはずなんです。

最初に泡、そのための温かい料理で本能を刺激する。

一発目からガツンと揚げものを召し上がってい

ただきながらシャンパンで喉を潤すのは、うちの店、独特のスタイルかもしれません。この日は五島の穴子を使いました。

ただし、揚げものと言っておきながら混乱させてしまうようですが、確かに揚げてはいるものの、それはあくまで工程であって、料理としては「蒸す」ことです。

油に入れたら食材の水分は蒸発します。魚の美味しさは骨と皮にあり、その旨みを逃さないよう、穴子の場合なら骨にどう火を入れるかを計算しなければなりません。切る大きさ、骨切りの必要性、衣の配合、油の温度……。あらゆることをコントロールして、衣の中で完全に蒸し上げる。すると本来の旨みが保たれて、シャンパンと共存する料理になります。

終着点はいつも一緒です。ですが、同じ終着点を目指すために、工程は一定であるはずがありません。

こんなことを考えながら、デセールまでの一品一品を皆さんの前でお作りしています。

ヨコワのスープ

温めた器に、
あつあつのスープを注ぐ。
このスープが毎回
虎の料理の基礎になる。

　後の料理に登場するメジマグロ。私が修業した関西ではヨコワと呼びます。これはその骨から引いたスープで、虎ノ門 虎の料理は必ずこうした魚のスープから始まります。

五島の穴子

長崎県・五島列島の真穴子が送られてきま
した。瀬戸内の真穴子と比べると顔がデカく
て悪い面構えをしていますが、それぞれに美味
しさがあり、すっかり別の食材です。
　−60℃に冷やした薄力粉をふり、冷水＋粉
の衣にくぐらせて、高めの温度で揚げながら衣
の中で蒸していきます。バルセートラウデンセ
のソースと岡山県玉野市のレモンの風味で。

淡路の海山の雲丹 カペッリーニ

　ここで冷たい料理をお出しします。雲丹をのせたカペッリーニです。

　この雲丹は淡路島にある「海山(かいざん)」というお料理屋さんのご主人が海に潜って採ってきてくれます。ミョウバンは無添加で、全国一、二を争う美味しい雲丹だと私は感じています。

　ソースは、これまた美味しい三河湾の青混ぜ海苔を最初のスープと合わせたものです。

　お蕎麦でもいいのですが、お蕎麦は鰹と昆布のお出汁があって生きるものだと思います。お出汁を使わないうちの店ではカペッリーニでいきます。お蕎麦屋さんはありますが、カペッリーニの専門店さんはありません。こういう食べ方をしても誰も怒らないでしょう。

熊本のさより（カンヌキ）

　身に透明感があって美しい魚です。「細魚」と書いてさよりといいますが、ある程度のサイズになると閂（かんぬき）という名前に変わります。こんなにきれいなのに、さばくとお腹は真っ黒です。びっくりするほど腹黒い。それを丁寧に、丁寧に掃除します。

　醤油はいりません。米酢とヨコワのスープを煮詰めたソースをほんの少し塗っています。

十和田湖 のさくらます

　熊本から届いたさよりの箱に、頼んでもい
ないのに、なんとも良い香りがする海藻が入っ
ていました。「これ何？」と尋ねると、「青さ海
苔だよ」と。ありがたく使わせてもらったのは、
炭火で焼いたさくらますのソースとして。写真
でも香ってやってください。

　さくらますは渓流にいて、そのまま海に出て
しまうことが多いのですが、この日のものは十
和田湖で揚がったものです。この時期に最も
美味しくなります。

佐賀のしいたけ

　　三河湾のはまぐりの旨みを最初のスープで引っ張ってお出汁にします。はまぐりですが、にんにくを抜いたボンゴレ・ビアンコみたいな風味を想像してください。そこにカリカリに揚げたしいたけと炊きたてのお米をずるっと合わせています。

　しいたけは、いわゆる揚げものとしては2品目ですが、今度は水分を保つのではなく飛ばしていきます。飛ばすためには圧倒的な熱量が必要で、パチパチとものすごい音がするぐらい、天ぷら屋さんがご覧になったら「やめてくれ」とお叱りを受けるほどの高温の油です。

　お米は雑炊のように煮るのでもなく、リゾットのようにぐるぐると混ぜるのでもなく、ただ合わせるだけ。その一瞬を召し上がっていただきます。お米は時間が経つほど粘りけが出てしまいます。それをごまかすために薬味やチーズやオリーブオイルが必要になります。するとしいたけもはまぐりも良さが消えてしまいます。

　はまぐりは砂抜きをしません。良いはまぐりは良い海水と良い淡水を吸っています。そのエキスが欲しいがために仕入れているようなものです。身が欲しいのではなく、出汁が欲しいのです。それなのに水道水に精製塩を入れて砂抜きをしたら、はまぐりがびっくりして台無しになってしまいます。そもそもトラックで運ばれてくる間に暗いところで十分に過ごしているわけで、自然に砂抜きは済んでいるのですから。

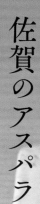

佐賀のアスパラ

　アスパラガスとベシャメルソースときたら、チーズやペッパーを加えてグラタン仕立てにしたくなるところですが、あえてそれをしません。アスパラガスに力強さがあるので、余計な匂いはいらないのです。

　ただし、ベシャメルソースはコーンスターチや片栗粉でごまかさず、小麦粉だけで焼き焦がしています。この小麦粉に火を入れるのが大変で、時間もかかります。鍋だけで下から火を入れるのでは無理なので、オーブンで上からも火を入れて細かい粒子を溶かします。私の松山時代の師匠が、その師匠から受け継いだやり方です。

パン、バター

ここでようやくパンをお出しします。ベシャ
メルを付けてパンを召し上がっていただける
ように。このパンもうちだけのもので、しかも私
と二番手のスタッフしか焼き方を知りません
(P43)。誰もが知っているソースを美味しく作
り、誰もが食べたことがないはずのないパンを
合わせる。真価を問われる料理です。

長崎のメジマグロ

「マグロはいりません」と仲買さんに言っています。マグロは酢飯が下に付く以上に美味しい食べ方を私が知らないからです。赤身魚の本質的な旨みは酸味であり、その酸味を食べてもらうにはやはり醤油が欲しくなります。それでもいろんな人が送ってくれます。では、私は火入れをしようと、カツレツにしました。

　これも一般に揚げものと言われますが、私の中で揚げている感覚はありません。正直、油をのせていようが炭火を使おうが、火が入ればいいのです。ここでは油を使い、その油を落とすためにオーブンに入れています。だから、カツレツといっても油の感じはしません。

　これにトマトと山わさびと煮詰めた赤バルサミコ酢を合わせたソースを添えています。

三河湾のあさり 手打ち麺

　このあさりは海底まで沈めず、カゴに浮き輪を付けて泳ぐようにしてプランクトンを食べさせています。とてもまっとうに育てられ、良い水を吸っています。

　干拓地が駄目になり、あさりが駄目になったと言われましたが、近年やっと美味しいあさりが食べられるようになりました。

　私は海外のものが悪いとは思っていません。海外に行ってその土地のものを食べたらきっと美味しいと思います。けれど、海外のあさりを連れてきて日本で泳がせたら、びっくりして身が縮んでしまいます。そんなにまでして国産表示が大事なのかと、そこは疑問に感じています。

　さて、このあさりをどう堪能するか。麺を打つことにしました。白米は打つことができません。パンの配合は変えたくありません。ですが麺だけは卵と小麦粉の分量を考えながら、食材に寄り添わせることができます。

岡山の蔓草牛

　哲多和牛牧場という岡山県の生産者が蔓牛（つるうし）と千屋牛を交配して蔓草牛（まんそうぎゅう）という牛を育てています。すごいとしか言いようのない旨みを持つヒレ肉をタルタルにして丸めて焼き、私の中ではメンチカツのようなイメージで作りました。
　酸味が必要だと思い、ワインの中で最も酢に近いと感じるピノノワールを蔓草牛の大腿骨のスープと煮詰めたソースを合わせています。

デセール
自家製バターを折り込み
焼き落としたフィユタージュ

　バターと小麦粉を折り込んでいき、焼くと、
バターのほうが融点が低いので焼き落ちま
す。結果、層になったパイ生地にカスタード
クリームを合わせ、故郷・愛媛産のせとかと
いうみかんをのせました。

スープのこと

私は料理の仕事が好きですが、それは食材の素晴らしさが好きなのです。どうやったらその食材から旨みを出せるかを一番に考えています。だから食材は捨てたくありません。実際、ほとんど捨てません。魚の骨を捨てるなんてもったいないことです。ここに真の美味しさがあるのですから。

朝、食材が届いてメニューを決めたら、さっそく魚をさばきます。そして使わない骨からスープを引きます。フランス語で言う、フュメ・ド・ポワソンです。この仕込みは毎日4時間ほどかかりますが、このスープなしに料理を進めることはできません。煮汁として使ったり、混ぜたり、煮詰め

てソースにしたり。これほど極上の旨みを使えるのですから、わざわざ鰹と昆布の旨みを求める必要を感じません。

魚の大きさによって、骨を水で煮る前に炭火で焼くこともあれば焼かないこともあります。清澄作業の際には、卵白の他に生の帆立や野菜を入れて灰汁や濁りをぐーっと持ち上げます。あれば魚の身を使うこともあります。その後、目の細かい濾し器を通して、さらにまた細かい粒子を沈殿させ、その上澄みがスープとなります。

このスープに魚の特色が最も出るので、コースの前にお客様に召し上がっていただきます。

卯月

〜4月〜

　人を笑顔にすること。料理人の先輩から教わりりました。

　東京に出てきて店を始めた当初、まったくお客様が入らない時期もありました。でも、市場には通っていました。まだ築地にあったころです。ある朝、そこで出会った「寛幸」という料理屋さんの親方と銀座に向かって歩いていました。朝6時くらいだったでしょうか。途中、食器屋さんが開いていて、そこにあったのが猪口ほどの小ささで丼の形をした器です。「かわいいね」と、親方が私に買ってくれました。

　さて、この器をどう使おうか。アオリイカを入れて雲丹をのせ、マイクロな雲丹丼のようにしてみました。これが私の料理が東京で跳ねるきっかけになりました。今もときどきその器を出して極小の丼を作ると、当時からのお客様が喜んでくれます。この日はアオリイカではなく白海老をお米に見立てました。

　この日はもう一品、小さな器にのせた料理があります。ホエイのパンです。うちではパンと一緒に

お出しするバターも料理に使うバターも、すべてノンホモ牛乳から手作りしています。分離の過程で生まれるホエイ、つまりバターにならない液体のほうを水で割って粉と合わせます。それを圧倒的な熱量のスチームで焼くと、表面が一気に水泡化します。おかげでうちでしか果たせない肌色と口当たりのパンができます。味には透明感があります。けれど、数時間で美味しくなくなってしまいます。熱いパンに冷たいバターを挟む。利那の楽しみです。

　このとき、バターを入れた器は村上 躍さんという作家さんの代表作のひとつです。村上さんはろくろを使いたくないそうで、でも、ろくろを使わずに蓋物の器を作るのは相当な技術を要することでしょう。私が東京に出てくるもっと前、独立したばかりの資金がない時代から頑張って買い求め、ずっと大事に使わせてもらっています。手触りが素晴らしい。触れたくなります。

　村上さんの作品もそうですが、触れたくなる器を見つけると買いたくなってしまいます。

真鯛のスープ

春は九州の真鯛を使います。本来なら子を持ったり白子が大きくなったりして身がやせる時期ですが、響灘の真鯛はがっしりとして格好いい。味も感動的です。骨から抽出したスープには魚の特色が一番出ます。いつものようにスープとして召し上がっていただき、料理のベースや旨み足しとしても使用していきます。

真鯛の揚げ

響灘の真鯛。香りが素晴らしい季節です。歯を入れたときに、その香りが衣からくっと出てくるように揚げました。魚の中の水分を蒸気に変えて、香りを立たせるイメージです。

香りや食感の本質を損なわないために、衣はなるべく薄くして衣感を感じさせません。あしらいやソースも不要。油と塩で十分です。見栄えのために何かをのせたり、塩に風味を付けたりしたくなる気持ちを抑えています。

北寄貝の炭火焼き

　北海道・長万部の北寄貝を、煮詰めた日本酒にくぐらせて、炭火で焼きしめた料理です。
　日本酒はどぶろくに近いくらいのにごり酒です。2、3割まで煮詰め、その甘みを貝に絡めます。焼くとバンッと煙が立ち、必要のない香りは飛んでくれます。フランベに近い感覚です。
　二枚貝は生きている状態で仕入れます。この貝は肝がすごくきれいだったので、赤バルサミコ酢と炊いてソースにし、ひと塗りしました。

はだての雲丹と白海老

　こちらが、銀座「寛幸」の親方が築地の帰り道に買ってくださった器です。直径は5cmほど。富山の白海老に白バルサミコ酢と真鯛のスープを煮詰めたソースを合わせたものに、北海道の羽立水産からの雲丹をのせています。はだての雲丹は世界で1、2を争う極上品であると認められています。

白甘鯛の蒸し

玄界灘の白甘鯛。しらかわとか、京都ではぐじとも呼ばれます。私のトップ3に入るくらい好きな魚で、ほとんど味付けの必要がありません。その白甘鯛のことを思って考えた料理です。

器に帆立を敷き、その上に白甘鯛をのせて、シャンパンをぎゅーっと煮詰めて真鯛のスープを足したものをソミュール液として注ぎます。液体に帆立のエキスを出しながら、その蒸気で白甘鯛を蒸していきます。

ソミュールの量は帆立の高さを超えてはいけません。白甘鯛に当ててはいけません。当たってしまうと浸透圧の働きで双方の旨みが引き出

されて一体化します。白甘鯛のいいところをダイレクトに味わうために、何のエキスも吸ってほしくはない。そのために私はこんな方法を選びました。

シャンパンはアイ村のリシャール・フリニョーという大好きな造り手のブランドブランです。アイ村は黒ブドウが有名で、リシャール・フリニョーもピノノワールやピノムニエのシャンパンがスタンダードです。そちらも非常に美味ですが、この料理には白甘鯛に少しの雑味も入れたくないので、シャルドネ100%のブランドブランを使っています。

パンとバター

　こちらがホエイのパンです。普段のパン
（P43）は強力粉を使いますが、ホエイの
パンは中力粉を使います。ホエイの塩分
のために強力粉では膨らみが弱いからで
す。塩も使いません。
　よーく見ると、バターの表面に水分がキ
ラキラと浮き始めています。これがホエイ。
生きたバターの証です。

海老フライ

　甲殻類も生きた状態で仕入れます。それで海老フライを作ったら美味しくない理由はないですよね。せっかく皆さんがお好きな確立された料理があるなら、それで直球勝負したくなります。

　海老はまっすぐに仕立てたい。包丁を入れれば簡単ですが、そうすると旨みが飛びます。それは絶対に避けたいので、私は串を打ちます。

　その状態で頭のほうから油にまっすぐ落として、みそに火を入れます。身のほうはさっと浸ける程度。串をぐっとL字に曲げるようにして海老全体を浸します。まだ身が透明なうちに上げて余熱で火を入れます。

　このときに自家製パン粉の衣が威力を発揮します。うちのパンで作るパン粉です。砂糖が入っていないので焦げることなく、柔らかく揚がります。衣はコースの2品前くらいから付けておきます。水と小麦粉がひとつの膜を作って、卵とパン粉が層になる。そのための時間が必要だからです。

　タルタルのマヨネーズは千鳥酢の酸と卵だけで乳化させています。油は入れません。そのためシャバシャバしますが、フライに油を使っているのでソースにまで油を足したくないのです。市販のマヨネーズのうま味調味料に負けないよう、車海老と帆立貝を加えています。

サバとキャベツ

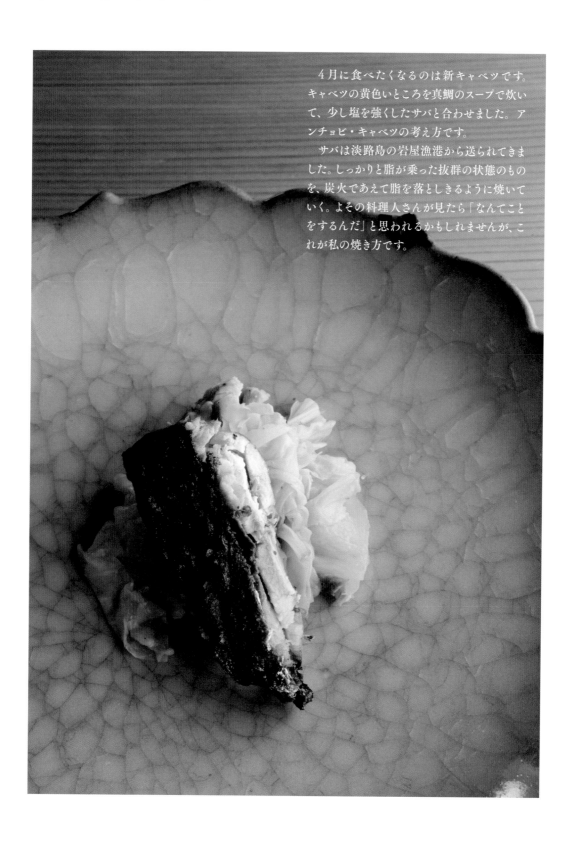

4月に食べたくなるのは新キャベツです。キャベツの黄色いところを真鯛のスープで炊いて、少し塩を強くしたサバと合わせました。アンチョビ・キャベツの考え方です。

サバは淡路島の岩屋漁港から送られてきました。しっかりと脂が乗った抜群の状態のものを、炭火であえて脂を落としきるように焼いていく。よその料理人さんが見たら「なんてことをするんだ」と思われるかもしれませんが、これが私の焼き方です。

トマトのカペッリーニ

　故郷に近い伊予・西条。そこのトマトが大好きで、そんなトマト好きだから思い浮かべることのできる食べ方です。というのも、美味しいトマトは切って塩を振れば、それで十分です。余計な調理はいりません。だから少しだけオリーブオイルを足してピューレにしました。きれいに食べて美味しいものじゃないです。カペッリーニに絡めて、ずるっと喉ごしを楽しみます。

　麺を茹でる湯の塩は強くしすぎず、そのまま飲んで心地よいくらいの塩分にしています。

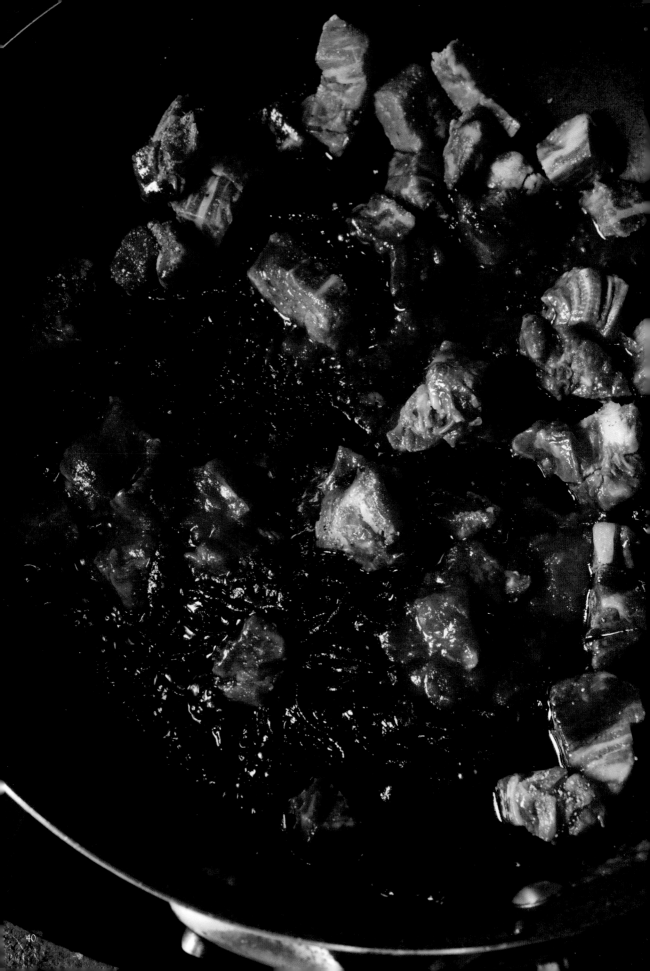

蔓草牛の手打ちパスタ

デセールの前の一皿はボロネーゼです。牛骨を焼き、赤バルサミコ酢とピノノワールで煮込んだソースに蔓草牛の旨みを合わせました。重そうな見た目を裏切る軽いソースで、そのギャップに皆さん驚かれます。

手打ちのパスタはいつも蕎麦打ち用の漆のこね鉢で練っています。

いちごに餡をのせて、本葛と水を練ったものをかけた、いちご大福です。餡には砂糖ではなく、故郷・愛媛のはちみつを使っています。

餡を炊く仕事も大好きです。人生で一番好きかもしれません。ころんころんと小豆が踊るくらいの火加減で炊き、踊るスペースがなくなってきたらはちみつを入れます。水分が豆に出たり入ったりして、しっとりとツヤっぽくなってきたら仕事を終わらせます。そのままでも美味しいしつぶしてもいい。それくらいの加減です。

こうして独学で10年以上炊き続けていますが、私が修業した街・松山市の商店街にある和菓子屋さん「みよしの」の餡はなかなか超えられません。

デセール　いちご大福

美味しいいブランジェリーはたくさんあります。買えば済む話です。でも、料理人なら毎日パンを焼こう、自分でバターを作ろう、そうスタッフに言っています。

ホエイのパンは中力粉を使いますが、料理に合わせて出すパンは水と強力粉です。塩と、レモン汁も加えます。アスコルビン酸というビタミンＣの代わりです。レモン汁を入れるとクエン酸が生地を攻撃するのでやっかいですが、おかげでパンの味に透明感が出ます。モルトエキスも入れません。付き合わされるスタッフは大変だと思います。

セオリーは大事です。けれど、セオリーは超えるためにあります。最初は本を読み漁って勉強しましたが、だんだん本に書かれていることとは違うやり方を試すようになりました。何度も、何年もかけて完成したのが、今のパンです。

「パンをこねる」と言いますが、私のやり方は、粉と液体をさっと合わせる程度です。粉がまだ浮いているくらいの状態で成形に入ります。こねすぎるとパンに弾力が出て噛む力が必要になり、食べると疲れてしまうからです。

オーブンは自前のスチームコンベクションです。市販の機種ではスチームの量が足りないと感

column : 2

パンのこと、バターのこと

43

じるからです。なるべく古い、アナログに近い中古品をネットオークションで探し、石を入れ、キャンプ用の鍋を柄杓にしてバシャッと湯をかけます。メーカーさんには言えませんが、内部に水が入らないように自己責任でコーキングしてやっています。欲しいのは下火だけ。それで300℃はキープしたい。その熱で天板もぐにゃぐにゃに曲がってしまいました。

18歳でこの業界に入ったときから6畳に満たないワンルームの自宅に業務用オーブンを設置して、毎晩、実験を繰り返してきました。石はレンガがいいのか、結晶化してツルンとなったもの

がいいのか、ゴツゴツして表面積が広いものがいいのか、いっそ鉄がいいのか。仕事終わりの深夜にカチャカチャ、ガチャン、ジュワーと大きな音がして、ときどきビーッと警告音が鳴るものですから、隣人の皆さんから壁を叩かれました。本当にご迷惑をかけました。

生地をオーブンに入れる前にも一仕事あります。園芸用霧吹きでブワーッと水をかけます。

こうしてできるのがこのパンです。小麦の芯まで火が入っているけれど、クラムは厚くない。食べたときに舌を傷つけないバゲットです。舌を傷つけないので、パンの後で生魚を召し上がってい

ただいても味覚がちゃんと伝わります。

　自分で言いますが、美味しすぎるパンなので、コースの最後のほうで出します。普通は最初からパンが添えられているかと思いますが、うちの店でそうすると、皆さんがパンをどんどん召し上がってお腹いっぱいになってしまいます。お腹いっぱいの人と、喧嘩しているお二人には、私たちが何をお出ししても絶対に「美味しい」とは言っていただくことはできません（笑）。

　焼きたてから1時間半から2時間ほど経ったころに粉が馴染むので、仕込みの時間帯に焼いておき、お出しするタイミングで温め直します。

ナイーブなパンで、数時間は気泡がしっかりあってふんわりしていますが、しばらくするとしぼんでしまいます。

　バターはノンホモ牛乳と塩をひたすら振り混ぜます。早ければ10分ほどでパシャパシャという音に変わります。ホエイと分離した合図です。2リットル用ペットボトルを使うと8名様ぶんくらいできます。料理にも使うので何度も繰り返します。一番若いスタッフの仕事です。

　こんなことしなくてもいいのかもしれませんが、うちは仕込みの店なので、そこは徹底的に努力させてもらっています。

皐月

～5月～

夏を前にして食材の力がぐんと強まります。活きがいいというのを通りこし、ギラギラしています。九州・玄界灘のしらかわ、長崎ののどぐろ、淡路島のうおぜ、琵琶湖から、舞鶴から、この日もすごい食材が集まりました。

アジアの海とつながる響灘で海うなぎが揚がったと連絡が入りました。非常に数が少なく、漁れる漁師さんも扱える仲買さんも全国で数人です。懇意にしている仲買の福栄水産がいい漁師さんを知っていて、漁れるとうちに卸してくれます。

海うなぎはいわゆる天然うなぎと種類は同じですが、インドネシアのほうの海域まで回遊して、日本の海にやってきます。「気骨がある」とはこのこと。この日のものは、ゆうに1kgを超えていました。

その巨体の骨をどうするか。骨を抜く方法もありますが、複雑な構造をしているので、圧力や手の温度がかかって身が劣化していきます。それを防ぐのは不可能です。では骨切りするのか。それは最悪です。大事な旨みが落ちてしまいます。だから私は骨をそのままにして、炭で地焼きにします。脂がすごいので普通の串打ちでは身がボロボロと落ちてしまいます。大きな扇のような形に串を打って、1時間以上、うちの二番手がつきっきりで焼きます。脂が落ちてきたなというころに、自らの脂で皮を持ち上げてパリッ外れるくらいがいい状態です。

のどぐろも同じです。私が思うに、魚とは骨と皮があっての身です。骨と皮の部分からどれだけ旨みを引っ張ってやれるか。そのための手法のひとつが、こうして皮下脂肪を落としていく作業です。

さて、うなぎといえば醤油のような要素が欲しくなります。けれど、醤油ほど美味しい調味料を使うなら、海うなぎでなくてもいいことになります。あくまで海うなぎの味を感じていただきたい。私は赤バルサミコ酢のソースを使うことにしました。そこに甲殻類を入れると香ばしさが増します。この日はサワガニを使いましたが、甲殻類はそのまま入れると生臭い。では、どう処理するか。炙ってから入れてみようか。……と、このように食材を目にして考えていくのが、私の毎日の仕事です。

しらかわ（甘鯛）のスープ

玄界灘のしらかわ。別名、白甘鯛です。日本、
というか世界で1、2を争う高級魚と言われます。
後ほど薄造りにしますが、まず、その骨を焼いて
煮出したスープを召し上がっていただきます。

解禁前なので養殖の鮎ですが、琵琶湖に柵を立てて、ほぼ天然に近い環境で育っています。

求めるのは中の骨のジュ、旨みのエキスです。これくらい小さな魚を炭で焼くと骨に火が入るまでに身が乾燥していきます。そこで表面をコーティングするものが欲しくなります。酸味と甘みも少し欲しい。そこで、前日に抜栓したシャンパンの残りとしらかわのスープを煮詰めたものを塗りながら炭火で焼いていきます。

焼いてヒレもきれいに広がるのは、直前まで生きていたためです。

稚鮎　炭火

玄界灘のしらかわ（甘鯛）

　とても美味しい魚です。薄造りにして、その
骨を焼いたスープと千鳥酢を合わせたものを
さっと塗り、少しの塩をふりました。醤油は確か
に美味しいです。けれど、味が濁ります。
　向こう側がほんのり見えるような、透明感が
ありつつも奥行きにグラデーションがある。私
が好む味わい方です。噛むのではなく、舌にの
せて感じてほしいと思います。

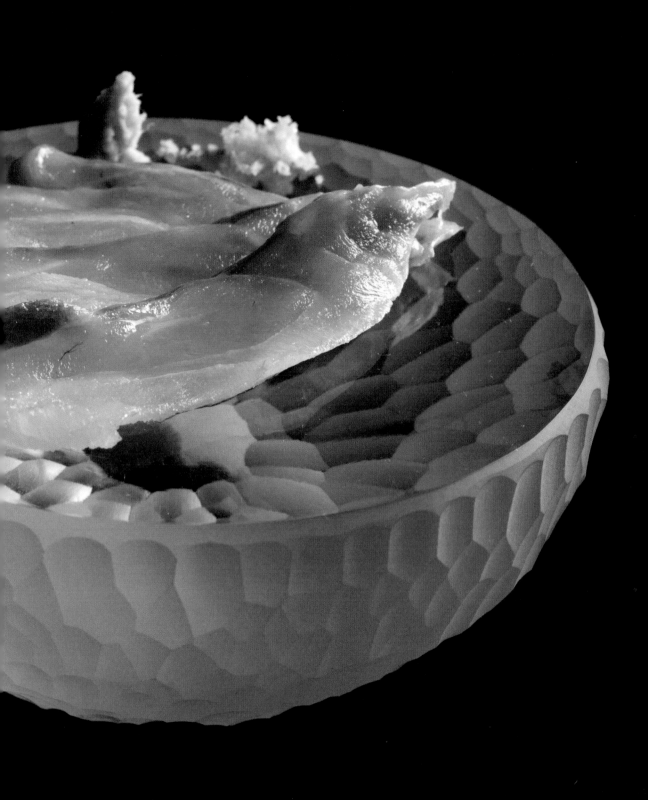

淡路由良のうおぜ（えぼだい）

　淡路島で一番有名な由良の港から、ぴっちぴちの
うおぜが届きました。5月のうおぜは水分が多いの
で、衣の中で水けを飛ばしながら、身をふわふわに
仕上げます。サイズが大きめだったので縦割りにして
揚げました。中骨から出てくる泡を見ながら、時間を
かけて骨から旨みを導きます。
　葛粉の衣はさくっと揚がり、酸味の強いソースをか
けても食感が損なわれません。ソースには生きたアオ
リイカも入れています。生きているので、あらかじめ
漬けておくと味が入りすぎてしまいます。かける直前
に合わせます。

舞鶴のとりがい

　まず、帆立に白ワインを浴びせて蒸します。人肌程度に温まったらしぶ鯛を加えます。そこに炭で表面だけ炙ったとりがいをかぶせると、3者の旨みがスープに溶け出ます。

　とりがいは生では本領が発揮できない気がします。けれど、焼くだけでは香ばしさが立ちすぎます。そこで香り付け程度に炭の上にのせました。計ったことはありませんが、おそらく50℃くらいでしょう。

これぐらいでこの貝のポテンシャルが最も出ます。

　このような蒸しものにシャンパンを使うこともありますが、こちらには白ワインがベストです。シャンパンはドサージュといって糖分が入っているものがほとんどです。最初の稚鮎のように甘みが欲しいときにはシャンパンが適しますが、ただ食材のポテンシャルを引き出したいだけのときには白ワインと使い分けます。

クセの強い魚です。特に皮がクセのかたまりな
ので、そこを焼き焦がすくらいまでしっかり焼きま
した。その前に2日ほど寝かせています。強いク
セが水けとして出てくるので、それを酢と塩でジャ
リジャリッと洗うこともします。

これに酒蒸しにしたあさりの旨みと最初のスー
プを合わせ、穂紫蘇の香りを足しました。

穂紫蘇は花がきれいですが、私は香りが欲し
いので、つぼみの状態で使います。花は火を入れ
ると香りが飛んでしまいますが、つぼみはぐんと香
りが立ちます。

響灘のまながつお

竹崎かに 揚げ

　スタッフの一人が佐賀県出身で、地元の美味しいかにを教えてくれました。竹崎かにと呼ばれるワタリガニです。身がクリーミーで、内子（卵巣）に旨みがしっかりあるので、コロッケにしました。

　ベシャメルソースは自家製バターで炊いたもの。パン粉も、いつものパンで作ったものです。ソースはトマトとりんごと千鳥酢で仕込んだ、やはり自家製のケチャップです。

　油に落とすのは２分程度でしょうか。時間というより揚げ箸で持った感覚で判断します。スープから数えて７品目。料理が重なり、油が胃に重く感じられるといけないので、オーブンに入れてパン粉の油を落とすこともします。

山形のパプリカを炭火で真っ黒になるまで
焼き、中の甘いところだけをクラッシュさせて
カペッリーニのソースに使いました。
　オーブンで焼くと均一に火が入るので、き
れいな味付けにしたいときはそうします。けれ
ど、この場合は私のこだわりで炭火の香りを
足したいと思いました。

パプリカ カペッリーニ

響灘の海うなぎ

炭火で骨の旨みを引き出しながら、自ら持つ脂で皮をパリッと焼き上げます。その間、身のほうがパサついて旨みが逃げないように、うなぎの中骨と赤バルサミコ酢を煮詰めたソースで保湿しながら火を入れます。
塩と山わさびだけ添えました。

のどぐろ、ご飯

長崎から届いた大型ののどぐろ。素晴らしく脂がのっているので、身と皮の間の皮下脂肪を落とすためにワインでマリネしました。ワインの酸が脂をゆるめてくれるので、火に当てたときに脂が落ちやすくなります。皮が薄い魚のために、これをしないで焼くと脂が落ちる前に皮が焦げてしまいます。

お米は城下安幸さんの竹炭米です。竹炭を使って自然農法で育ててくれています。粒が丸く、ずんぐりむっくりで、竈で遠赤の柔らかい熱を入れるとふっくらします。それでいてお米とお米がくっつかない。ずっと使わせてもらっています。

デセール
フロマージュブランのムース

私の兄が銀座でパティシエをやっています。連携して、コースの最後に洋風のデセールをお出しすることもあります。

こちらはジェノワーズを砕いたクラムにレモンのジュレとムースをのせたもの。すっきりとした甘みで締めくくります。

p11
ヨコワのスープ

［材料］
ヨコワ（メジマグロ・長崎産）の骨
帆立貝柱（陸奥湾産の「天殻」）
卵白

［作り方］
❶ ヨコワの骨は炭火で両面を焼き、臭みや余分な水分をとばす。
❷ 鍋に水とともに入れ、ゆっくりと煮立て、火からおろして鍋を氷で急激に冷やす。10℃くらいまで冷えたら漉す。
❸ 帆立と卵白をフードプロセッサーに入れ、攪拌する。
❹ ❷に❸を加え、再び火にかける。ゆっくりと混ぜながら、強めの火加減で卵白に不物を吸わせ、清澄させる。
❺ 目の細かい漉し器で漉し、さらにコーヒーのフィルターで漉す。さらに細かい沈殿物が溜まるので、そのまま置いて、上澄みを小鍋に移し、温めた器に注ぐ。
※その日の素材と状態によって塩を加える。

p12
五島の穴子

［材料］
穴子
衣（冷水、－60℃の冷凍庫から出したての薄力粉）
薄力粉
揚げ油（太白ごま油）
ソース（バルセートラウデンセ〈白バルサミコ酢〉、新玉ねぎ、帆立貝柱、レモン）
ラディッシュ（せん切り）

［作り方］
❶ ソースを作る。帆立貝柱を160℃のオーブンで水分をとばすように焼き、鍋にバルセートラウデンセ、薄切りの新玉ねぎと合わせて少し煮詰める。漉して、レモンを絞る。
❷ 穴子は骨切りし、3～4cm幅に切る。－60℃の冷凍庫から出したての薄力粉を全体にふり、衣にさっとくぐらせる。
❸ 揚げ油を高温（185～188℃）に熱し、❷を揚げる。ときどき上下を返し、皮と骨に火を通し、衣の中で蒸し上げるようにする。
❹ 油をきり、器に盛って、ラディッシュのせん切りをのせ、❶のソースをかける。

p14
淡路の海山の雲丹
カペッリーニ

［材料］
青混ぜ海苔（三河湾産）
生雲丹（淡路産）
ヨコワのスープ（前出）
カペッリーニ
塩

［作り方］
❶ 青混ぜ海苔を煮詰めたヨコワのスープでゆるめる。
❷ 鍋に湯を沸かし、飲んで美味しいと感じるくらいに塩を加える。カペッリーニを入れてゆで、流水で急激に冷やす。
❸ ❷の水をしっかりきり、❶と混ぜる。
❹ 雲丹をのせ、塩をふる。

p16
熊本のさより （カンヌキ）

［材料］
さより
ヨコワのスープ（前出）
米酢（千鳥酢）
塩
わさび

［作り方］
❶ ソースを作る。ヨコワのスープと米酢を合わせ、煮詰める。
❷ さよりはお腹をきれいに掃除し、3枚におろす。半身を3～4つに切る。
❸ 器に❶のソースをさっと刷毛で塗る。❷を盛り、わさびと塩を添える。

p17
十和田湖のさくらます

［材料］
さくらます（十和田湖産）
青さ海苔
ヨコワのスープ（前出）

［作り方］
❶ さくらますはさばいて切り身にする。炭火で両面を焼く。
❷ 青さ海苔とヨコワのスープを合わせて鍋に入れ、さっと火を通す。
❸ ❶を器に盛り、❷をかける。

p18
佐賀のしいたけ

［材料］
しいたけ（佐賀産）
はまぐり（三河湾産）
ヨコワのスープ（前出）
薄力粉
揚げ油（太白ごま油）
米（城下さんの竹炭米）

［作り方］
❶ 米はさっと洗い、竈で炊く。
❷ はまぐりは砂抜きせずにヨコワのスープで煮る。
❸ しいたけに－60℃の冷凍庫から出したての薄力粉をさっとまぶす。揚げ油を高温（180℃）に熱し、しいたけを入れて、水分を飛ばすように揚げる。
❹ 器に❸を四つ割りにして、❷のはまぐりとともに盛る。残った❷のスープに炊きたてのご飯を入れてさっと混ぜ、はまぐりの上に盛る。

p20
佐賀のアスパラ

［材料］
グリーンアスパラガス（佐賀産）
ベシャメルソース（薄力粉、自家製バター、牛乳）

［作り方］
❶ ベシャメルソースを作る。鍋にバターを溶かし、薄力粉をふり入れて、粉に火を入れるようにじっくりと炒める。途中、鍋ごとオーブンに入れ、上からも火を入れる。牛乳を加えてなめらかになるまで混ぜる。
❷ アスパラは熱湯に根元から入れてゆで、長さを2～3つに切る。
❸ 器にアスパラを盛り、❶のソースをかける。

p21
パンとバター
自家製パン、自家製バター（P43参照）

p22
長崎のメジマグロ

［材料］
メジマグロ（長崎産）
衣（薄力粉、卵、自家製パンのパン粉）
塩、胡椒
揚げ油（太白ごま油）
ソース（トマト〈西条産〉、山わさび、赤バルサミコ酢）

［作り方］
❶ メジマグロはさばいて腹の部分をかたまりで切り出す。
❷ 塩をふって胡椒をし、－60℃の冷凍庫から出したての薄力粉、溶き卵、自家製パンのパン粉の順に衣を付ける。手でしっかりと押さえて落ち着かせ、冷蔵庫に入れて休ませる。
❸ ソースを作る。鍋に赤バルサミコ酢を入れて少し煮詰める。湯むきをして刻んだトマト、おろした山わさびと合わせる。
❹ 揚げ油を中温（175℃）に熱し、❷を入れて揚げる。油をかけるようにして火を入れる。
❺ 取り出して、100℃のオーブンに2～3分入れ、余分な油を落とす。
❻ オーブンから取り出し、少し落ち着かせてから食べやすく切る。器に盛り、❸のソースをかける。

p24
三河湾のあさり手打ち麺

［材料］
あさり（三河湾産）
玉ねぎ
オリーブオイル
ヨコワのスープ（前出）
塩
手打ちパスタ（強力粉、薄力粉、卵〈山口産〉、オリーブオイル、塩）

［作り方］
❶ 手打ちパスタを作る。漆のそば鉢に強力粉に薄力粉を少し合わせたものを入れて中央をくぼませ、溶き卵、少量のオリーブオイル、少量の塩を入れて周囲から混ぜ合わせ、練る。ひとまとめにしてラップで包み、冷蔵庫で少し寝かせる。取り出して台に打ち粉（強力粉）をふり、めん棒で1㎜厚さくらいにのばす。のばした生地をパスタマシーンで平打ち麺にする。
❷ ソースを作る。フライパンにオリーブオイルと玉ねぎの薄切りを入れて火にかけ、しんなりしたらあさりを砂抜きせずに加え、スープも加える。あさりの口があいたら、身を殻から取り出し、殻を除く。
❸ 鍋に湯を沸かし、飲んで美味しいと感じるくらいの塩を加え、❶の麺をゆでる。ゆで上がった麺の湯をきって❷に加え、さっと混ぜ合わせる。

p25
岡山の蔓草牛

［材料］
蔓草牛のヒレ肉（岡山産）
米油
塩
ソース（牛骨のフォン、ピノノワール）
じゃがいも
自家製バター

［作り方］
❶ ソースを作る。牛骨をオーブンで焼き、水、玉ねぎなどを加えてじっくり2日間ほどかけて煮て、フォンを作る。ピノノワール（赤ワイン）を加えさらに煮て、濾す。味をみて、必要なら塩を加える。
❷ マッシュポテトを作る。鍋に水とバターを入れ、じゃがいもをゆで始める。水分がとんできたらへらでつぶしながら煮る。
❸ 牛肉は包丁でタルタル状になるまでたたく。手で楕円形にまとめ、塩をふる。フライパンに米油をひいて牛肉を入れ、転がしながら全体に焼き色を付ける。
❹ 器にセルクルを置き、マッシュポテトを盛る。セルクルをはずし、焼き上がった❸をのせ、❶のソース少々をかける。

p26
デセール
自家製バターを折り込み
焼き落としたフィユタージュ

［材料と作り方］
薄力粉、強力粉、少量の塩とバターを折り込み、層にした生地をオーブンで焼き、フィユタージュを作る。バタークリームに近い、バター多めのカスタードクリームを炊き、絞り出し袋でフィユタージュの上に絞る。小房に分けたせとか（愛媛産）の皮と薄皮をむいてのせる。

p29
真鯛のスープ

［材料］
真鯛（響灘産）の骨
帆立貝柱（宮城産）
卵白

［作り方］
❶ 真鯛の骨は炭でさっと焼き、臭みと余分な水分をとばす。
❷ P61の「ヨコワのスープ」の作り方❷～❺と同様に水から煮て清澄させ、濾す。温めた器に注ぐ。

p30
真鯛の揚げ

［材料］
真鯛（響灘産）
薄力粉
衣（冷水、－60℃の冷凍庫から出したての薄力粉）
揚げ油（太白ごま油）
塩

［作り方］
❶ 真鯛はさばき、5～6cm四方に切る。－60℃の冷凍庫から出したての薄力粉をふり、衣にさっとくぐらせる。
❷ 揚げ油を中温（175℃）に熱し、❶を入れて揚げる。引き上げて油をきり、塩をふる。

p31
北寄貝の炭火焼き

［材料］
北寄貝（長万部産）
日本酒（どぶろくに近いもの・煮詰める）
赤バルサミコ酢
木の芽

［作り方］
❶ 北寄貝の肝をつぶし、鍋に赤バルサミコ酢と合わせ、さっと煮る。
❷ 北寄貝は酒を絡めて炭火で焼く。仕上げに刷毛で❶を塗ってさっと焼く。
❸ 器に盛り、たたいた木の芽をふる。

p32
はだての雲丹と白海老

［材料］
雲丹（北海道産）
白海老（富山産）
ソース（バルセートラウデンセ、真鯛のスープ〈前出〉）
あさつき
レモン（玉野産）

［作り方］
❶ ソースを作る。バルセートラウデンセに真鯛のスープを加えて煮詰める。
❷ ❶にあさつきの小口切り、レモン汁を加えて混ぜ、白海老をあえる。
❸ 小さな器に❷を盛り、上に雲丹をのせる。

p34
白甘鯛の蒸し

［材料］
しらかわ（白甘鯛・玄界灘産・切り身）
帆立貝柱（宮城産）
ソミュール液（シャンパン〈前日の残ったもの〉、真鯛のスープ〈前出〉）

［作り方］
❶ ソミュール液を作る。シャンパンを煮詰め、真鯛のスープを加えてさらに煮詰める。
❷ 器に帆立を入れてしらかわをのせ、❶をしらかわにかからないように注いで蓋をし、蒸気の上がった蒸し器で蒸す。

p35
パンとバター

ホエイ入りパン（生地の水分に、自家製バターを作る際に出たホエイ〈乳清〉を使用し、強力粉ではなく中力粉を使って焼いたもの）
自家製バター（P43 参照）

p36
海老フライ

［材料］
天然車海老（海老の浦井より）
塩、胡椒
薄力粉
溶き卵
自家製パン粉
揚げ油（太白ごま油）
タルタルソース（卵黄、全卵、千鳥酢、車海老〈養殖〉、帆立貝柱〈宮城産〉）

［作り方］
❶タルタルソースを作る。卵黄をよく溶きほぐし、千鳥酢を少しずつ加えて乳化させる。全卵で温泉卵に近いゆで卵を作り、白身と黄身を分け、白身を少し減らして黄身2対白身1にして細かく刻んだもの、さっとゆでて1cm幅に切った養殖の車海老、帆立を加えて混ぜる。味をみて、海老の塩味で足りないようなら塩少々を加える。
❷ 天然車海老はさっと熱湯にくぐらせて、すぐ氷水にとる。殻をむき、尾の先を切って水を出し、頭のところの尖った部分を除き、水けをふき取る。塩、胡椒をし、－60℃の冷凍庫から出したての薄力粉、溶き卵、パン粉の順に衣を付ける。しばらく冷蔵庫で休ませる。
❸ ❷に頭のほうから串を打つ。高めの中温（180℃程度。本数が多ければ温度を上げる）に熱した揚げ油に❷を頭のほうから入れる。30秒ほどおき、串をしならせるように尾まで油に入れて揚げ、引き上げて余熱で火を通す。
❹ ❸を食べやすく切り、❶のタルタルソースを添える。

p38
サバとキャベツ

［材料］
サバ（淡路・岩屋漁港産）
新キャベツ（黄色い部分）
真鯛のスープ（前出）
塩

［作り方］
❶ サバは三枚におろし、串を打ち、塩をふり、炭火で脂を落とすように焼く。
❷ 鍋に真鯛のスープを入れ、キャベツを加えて煮る。
❸ 器にキャベツを軽く汁をきって盛り、手でざっとほぐしたサバをのせる。

p39
トマトのカペッリーニ

［材料］
トマト（西条産）
オリーブオイル
カペッリーニ
塩

［作り方］
❶ トマトはざく切りにして、オリーブオイルとともにミキサーにかけてピューレにする。
❷ カペッリーニは飲んで美味しいと感じるくらいの塩を加えた熱湯でゆで、ざるに上げて流水でしめる。
❸ ボウルに❶を入れ、❷の水をきって加えてあえる。

p40
蔓草牛の手打ちパスタ

［材料］
蔓草牛（岡山産、赤身）
ソース（牛骨、玉ねぎやセロリなどの野菜、トマトペースト、赤バルサミコ酢、赤ワイン〈ピノノワール〉）
オリーブオイル
にんにく
赤バルサミコ酢
生クリーム
手打ちパスタ（強力粉、薄力粉、卵、オリーブオイル、塩）
塩
グラナ・パダーノ
黒粒胡椒

［作り方］
❶ 牛骨は野菜（玉ねぎ、セロリなど）と一緒に水から煮てフォンブランをとる。
❷ ソースを作る。蔓草牛を掃除したくず肉と牛骨をオーブンでトマトペーストを塗りながらいい香りがつき、牛骨の中心の髄液に火が通るまで焼く。これに❶を濾して加える。赤ワインをフランベして加える。シノワ（粗いもの）で濾し、脂が浮いてきたら目の細かいシノワで濾す。鍋に戻し、約4時間、脂を除きながら煮て火を止め、ひと晩おいて脂を除き、再度火にかける。
❸ 手打ちパスタを作る。漆のそば鉢に強力粉に薄力粉を少し合わせたものを入れて中央をくぼませ、溶き卵、少量のオリーブオイル、少量の塩を入れて周囲から混ぜ合わせ、練る。ひとまとめにしてラップで包み、冷蔵庫で少し寝かせる。取り出して台に打ち粉（強力粉）をふり、めん棒で1mm厚さくらいにのばす。のばした生地をパスタマシーンでタリアッテレにする。
❹ 蔓草牛は2cm角くらいに切る。フライパンにオリーブオイルを熱し、肉をさっと焼く。❷、にんにく、赤バルサミコ酢を入れて煮る。生クリームを加えて煮詰める。
❺ たっぷりの湯を沸かし、飲んで美味しいと感じるくらいの塩を加え❸をゆでる。ざるにあけて湯をきり、❹に加えて絡める。器に盛り、グラナ・パダーノを削ってかける。胡椒をひく。

p42
デセール　いちご大福

［材料］
餡（小豆、はちみつ）
本葛粉
いちご

［作り方］
❶ 餡を炊く。小豆をよく洗い、水に4時間つける。一度水を替え、火にかけ、あくを除きながら豆が割れるくらいまで煮る。豆が割れたらざるにあけ、流水を細く落としながら水にさらす。再び豆の3倍量くらいの水を加えて炊き、豆が踊らなくなったらはちみつを数回に分けて味をみながら加える。水分がとんでしっとりとしてつやが出たら炊き上がり。最後は10~20分混ぜながら炊く。
❷ 鍋に本葛粉と水を入れ、火にかけて練る。つやが出て半透明になったら火からおろし、さらに練る。
❸ いちごを❶の餡で包み、❷の生地をのせる。

p47
しらかわ(甘鯛)の スープ

［材料］
しらかわ(甘鯛・玄界灘産)の骨
帆立貝柱(陸奥湾産の「天殻」)
卵白

［作り方］
❶ しらかわの骨は炭でさっと焼き、臭みと余分な水分をとばす。
❷ P61の「ヨコワのスープ」の作り方❷～❺と同様に水から煮て清澄させ、濾す。温めた器に注ぐ。

p48
稚鮎 炭火

［材料］
稚鮎(琵琶湖産)
ツメ(しらかわのスープ〈前出〉、シャンパン〈前日の残り〉)
塩

［作り方］
❶ ツメを作る。しらかわのスープとシャンパンを合わせて煮詰める。
❷ 稚鮎は串を打ち、炭火で焼く。途中、塩をふり、表面が乾きすぎないよう、❶のツメを刷毛で塗りながら焼く。

p50
玄界灘のしらかわ (甘鯛)

［材料］
しらかわ(甘鯛・玄界灘産)
しらかわのスープ(前出)
千鳥酢
塩
わさび

［作り方］
❶ しらかわは三枚におろし、薄造りにする。
❷ 器に盛り、しらかわのスープと千鳥酢を合わせたものを刷毛でごく少量塗る。塩とわさびを添える。

p52
淡路由良のうおぜ (えぼだい)

［材料］
うおぜ(えぼだい・淡路由良産)
卵白
本葛粉
揚げ油(太白ごま油)
あおりいか
トマト(西条産)
バルセートラウデンセ(煮詰めたもの)
白ワイン(煮詰めたもの)
しらかわのスープ〈前出〉
あさつき

［作り方］
❶ うおぜはお腹をきれいに掃除し、骨に火が入るように隠し包丁を入れる。
❷ 卵白を裏ごししたものを❶に塗り、本葛粉をまぶす。揚げ油を低めの温度(160℃)に熱し、❶をゆっくりと15分ほどかけて揚げる。
❸ 鍋にバルセートラウデンセ、白ワイン、しらかわのスープを合わせて煮立てる。
❹ ボウルに小角に切ったあおりいかとトマトを入れ、❸と、あさつきも加えて混ぜる。
❺ ❷が揚がったら塩をふって食べやすく切り、器に盛って❹をかける。

p54
舞鶴のとりがい

［材料］
とりがい(舞鶴産)
帆立貝柱(陸奥湾産の「天殻」)
しぶ鯛(フエ鯛)の切り身
白ワイン

［作り方］
❶ とりがいは炭火でさっと焼く。
❷ 器に帆立と白ワインを入れて、蒸気の上がった蒸し器で蒸し始める。人肌程度に温まったところでしぶ鯛を加え、さらに❶のとりがいをのせる。

p55
響灘のまながつお

［材料］
まながつお(響灘産)
塩
米酢(千鳥酢)
しらかわのスープ(前出)
あさり
穂紫蘇
日本酒

［作り方］
❶ まながつおはさばいて切り身にし、ペーパーで挟んで2日ほど冷蔵庫で寝かせ、水を抜く。
❷ ❶を酢と塩でジャリジャリと洗い、水をふき、炭火で皮を焼き焦がすように焼く。
❸ 鍋にしらかわのスープ、あさり、酒、穂紫蘇を加え、火にかける。あさりの口があいたら殻を除き、器に盛った❷にかける。

p56
竹崎かに 揚げ
［材料］
竹崎かに（ワタリガニ・佐賀産）
ベシャメルソース（P61参照）
衣（−60℃の冷凍庫から出したての
薄力粉、卵、自家製パン粉）
揚げ油（太白ごま油）
自家製ケチャップ

［作り方］
❶ 竹崎かには蒸して身をほぐし、内子も取り出してほぐす。
❷ ベシャメルソースを火にかけて少し煮詰め、❶を加える。いったん成型してあたりをつける（1個揚げる）。触れるくらいになったら俵形に成形し、冷蔵庫で休ませる。薄力粉、溶き卵、パン粉の順に衣を付け、さらに冷蔵庫で休ませる。中温（175℃）の揚げ油で衣がきつね色になるまで揚げたら、網に取り出して油をきり、さらに天板にのせて220℃のオーブンに2分ほど入れて余分な油をとばす。
❸ 器に自家製ケチャップを流し、その上に❷をのせる。

p57
パプリカ カペッリーニ
［材料］
パプリカ（山形産）
トマト（西条産）
カペッリーニ
塩

［作り方］
❶ パプリカはまるごと炭火で表面全体を焼く。触れるくらいになったら焦げた皮をむき、粗くクラッシュする。湯むきして裏ごししたトマトと9:1の割合で合わせる。
❷ 鍋に湯を沸かし、飲んで美味しいくらいの塩を加えてカペッリーニをゆでる。ざるにあけて流水で洗い、水をきる。❶に加えてあえる。

p58
響灘の海うなぎ
［材料］
海うなぎ（響灘産）
サワガニ
赤バルサミコ酢
ホースラディッシュ
塩

［作り方］
❶ うなぎはおろし、中骨はサワガニとともに炭火でさっと焼く。
❷ 鍋に赤バルサミコ酢を入れ、❶のうなぎの中骨とサワガニを加えて煮詰めて濾す。
❸ うなぎの身に串を打ち、炭火でゆっくりと皮目から焼く。途中、❷のツメをときどき刷毛で塗って、乾かないようにしながら焼く。食べやすく切って器に盛り、塩とホースラディッシュを添える。

p59
のどぐろ、ご飯
［材料］
のどぐろ（長崎産）
白ワイン（ブランドブラン）
米（城下さんの竹炭米）

［作り方］
❶ 米はさっと洗い、竈で炊く。
❷ のどぐろは三枚におろし、厚めの切り身にして、白ワインでマリネする。
❸ ❷に串を打って炭火で焼く。
❹ 器に❶のご飯を盛り、❸をのせる。

p60
デセール
フロマージュブランのムース

［材料と作り方］
皿にジュレシトロンを置き、その上にクラムをまぶしたクレームシトロン（全卵、フロマージュブラン、生クリームを合わせる）をのせ、泡立てた生クリームとジュレシトロン、ミントの葉、フィユタージュを飾る。クラム、粉糖をふって最後にレモンの皮のすりおろしを散らす。

夏の料理

水無月

～6月～

　毎年、梅雨時期は大変です。貝や甲殻類の美味しさが失われて、白身魚も難しくなります。仲買人たちは私以上に苦労してくれていることでしょう。野菜の力も弱まります。けれど、ありがたいことに、全国の皆さんのおかげで、お客様に喜んでもらう料理ができています。

　この日、埼玉県の「本庄弥助鮨」の親方が送ってくれた朝採りのとうもろこし。実がバチバチではちきれんばかりでした。親方は私の店に来てくださったことがきっかけで、「これ使ってみて」と、ときどき野菜を送ってくださいます。

　美味しいとうもろこしなのでシンプルに召し上がっていただくのが一番ですが、蒸すだけではさすがにお客様に叱られます。そこで、一部を皮ごと炭で焼き、帆立と一緒にきすのスープで炊いて、冷たいすり流しにしました。残りは素揚げして、熱々のまま冷たいすり流しにのせます。温度の差、食感の違い、すべてが重なって表情になります。

　水がきれいな愛媛の西条市からは絹かわなすという伝統野菜とトマトが届きました。これには太刀魚を衣のように巻いて、炭の上で野菜の水分を引っ張りながら蒸し焼きにします。うちの若手が考えました。まかないで出されたとき、「なるほど。よう考えたな」と初めて褒めてやりました。

　コースを組み立てて、もう一品、足したく思い、自家製のパンチェッタでパスタを作ることにしました。パンチェッタは豚バラ肉を塩漬けにして、毎晩、営業後の炭床の上に鎖をつないで吊り、ワインで拭きながら乾燥させて、2ヶ月ぐらいかけて作ります。その骨から豚骨スープも取ります。

　兵庫の芦屋で初めて自分の店を出したものの、お客様がまったく来ませんでした。赤字続きでしたが、このパンチェッタを使ったパスタを一人のお客様が気に入ってくださり、それがクチコミで広まって、徐々にお客様が増えていきました。私がひとつ花咲いた料理です。

　パンチェッタを作るのはかなり手間がかかるので、できれば避けたい気持ちもありますが、古くから応援してくださるお客様が喜んでくださるので、今もありがたく作らせてもらっています。

きすのスープ

きすは難しい食材です。手を加えるほど良い部分が失われるためごまかしが利きません。天ぷら屋さんに行くものより、私は大きいサイズを好みます。後ほど揚げる、というか、衣の中で蒸すことをしますが、その骨のスープです。

とうもろこしと帆立のすり流し

　弥助鮨の親方から届いたとうもろこしです。すり流しの帆立は炊く前に一度、オーブンで焼きます。表面のぬめりをきれいに取るためです。そこは旨みでもあり、悪いものではないのですが、あわびでもなんでも私は表面のぬめりは取りたいほうです。オーブンで焼くと食材を傷つけずにぬめりだけ除くことができます。

　帆立はいつも青森・陸奥湾の天然殻付きです。「天殻」と呼んでいます。最初のスープやシャンパン蒸しに使用するのもこちらです。主役にも脇役にもなるので、使わない日はないっていいくらいです。

淡路島のきす

きすの天ぷらという料理は素晴らしい。昔の人はすごいことを考えたな、と頭が下がります。けれど現代に生きる料理人として私は何か違うアプローチができないだろうかと常に考えています。きす自身の旨みをどう出すのか。

この日は油の中で蒸しました。揚げているので天ぷらじゃないかと思われるかもしれませんが、私の中では蒸し料理です。衣の中で身の水分が蒸気になって何倍にも膨らみます。旨みを持った細胞をふわっとさせるイメージです。

ここにあしらいやソースをのせるほど、きすらしさがなくなります。天ぷらのようにおつゆと大根おろしで食べるのも個人的には大好きですが、自分の店ではそれはしません。魚の身の厚さに対してどう火入れをして、どう塩を当てるのか。すべて自分で管理して提供したいという、ある種のわがままかもしれません。

あぶらめ

関東ではあいなめ、私が育った関西ではあぶらめといいます。こちらは明石浦のものです。

あぶらめの本質は皮にあります。皮が美味しいのは触れてきた海水や空気が美味しいということ。その皮を引いてしまう行為はすごく悲しいことです。さばこうとすると、皮が非常にぬるぬるしています。それだけ外敵に弱く、このぬるぬるによって身を守ってきたのでしょう。

この皮目を焼き付けました。美味しいので、醤油はいりません。きすのスープにうっすらとお酢を合わせ、あとは塩とわさびで完結します。

あじ、雲丹、海苔

　3月の料理でも使わせてもらった海山のご主人が採ってくれる雲丹。ミョウバンを使わないので1日経つと溶けていきます。これが本来の姿です。一般には劣化と呼ぶのかもしれませんが、見た目が落ちるだけです。使わないという選択肢はありません。三河の海苔のソースと淡路島の真あじと一緒に冷たい料理にしました。

　このあじは紀伊のほうでは鬼あじと呼ばれます。クセが強いので薬味や醤油に頼ってしまいがちですが、口に入れてみたら、この日のものは塩も足さなくていいと判断しました。

せせり

淡路どりです。鶏を焼くときは必ず串を打ち
たくなります。焼き方も鶏ガラスープの仕込み方
も、神戸で修業させてもらった焼き鳥屋さんの
エッセンスを踏襲しています。ただし、私の場
合は赤バルサミコ酢と鶏ガラスープを煮詰めた
ソースで香ばしさを出しています。

パンチェッタのパスタ

店で塩漬けにした豚バラ肉を焼いて、その豚
骨スープを混ぜ、香味野菜とレモンの風味を移
してパスタのソースにしています。
　冒頭で触れた、思い入れのある料理です。今
のようなSNSのない時代でしたが、お客様に
支えてもらい、じわじわと広がっていきました。

太刀魚　愛媛絹かわなす、トマト、大葉

　これが重富という若手が考えた料理です。淡路の太刀魚には野菜の水分でふんわりと火が入り、野菜も太刀魚の旨みを吸います。トマトや大葉の香りと食感のニュアンスも邪魔になっていません。

　重富が私の店に来て3年目にまかないで作った料理です。「この店にいたからこそ考えつきました」と本人は言っています。

まかないの話

他の店の例にもれず、まかないは若手の試作の場です。何を使ってもいいし、どれだけ食べてもいいと言ってあります。たまに、年に1度入るかどうかの食材がなくなっていて、聞くと「食べてしまいました」と頭を下げられ、冷や汗をかかされることもあります。

私も修業した店で、3年目くらいから毎日一人でまかないを担当させてもらいました。先輩方は楽だったと思います。まかないとはかなり嫌な時間なんです。

タイトな持ち時間で、仕込みの邪魔をしながら厨房を使うので、仲間からは煙たがられます。そしてシェフも含めて全員でテーブルを囲み、評価にさらされます。最初はぼろっかすに叩かれました。シェフが皿をドンと置いて隣の喫茶店に行ってしまったこともあります。めちゃくちゃ凹みましたし、白状すると、泣いたことだって何度もあります。

でも、この壁は絶対に越えないといけないとわかっていました。いつかお客様に出せるようになる前に、人に食べてもらって傷つくという作業を経験しておかないといけないことを。

私の店でも、仕込みと、その間のまかないは若手たちの本番です。そのときに私が予定していた食材を使ってしまい、コースの予定が狂うからといって、叱るわけにはいきません。そのリカバーは私が頭の引き出しをあけて、機転を利かせます。

岡山県新見市にある哲多和牛牧場の蔓草牛です。近くの竹の谷集落で育てられていた「竹の谷蔓牛」と千屋牛をかけ合わせたもので「和牛の中の和牛」と称されるほど美味しい牛です。

私は赤身を好みます。店のミンサーで挽肉にしてハンバーグのように焼きました。

煮込みと書いていますが、煮込むのはほんの数分です。まず肉の表面を焦がして香りと旨みを出し、牛骨のフォンとトマトの酸を絡める程度です。まぐろに漬けという料理があり、私が好きなお寿司屋さんでは数分しか漬けませんが、この料理もそんな感覚で、本当は"ハンバーグの漬け"と書こうか迷いました。

この料理の数分の"漬け"は肉に柔らかく火を入れるためのものです。その間にソースの旨みも肉の中に入ります。

蔓草牛の煮込み

最後はチョコレート系がいいように思い、銀座の店にいる兄であるパティシエに考えてもらい、うちの二番手の神谷が担当しました。

カカオで作ったクッキーとヘーゼルナッツを粉砕したシュクレを土台に、ミルクチョコのムースとマンゴーのソルベをのせ、マンゴーとパッションフルーツのソースをかけています。店のロゴマークの三日月を飴細工とドライマンゴーで表したそうです。

デセール
マンゴーとパッションフルーツ

私が最初に修業させてもらったのは愛媛県松山市のイタリア料理店「アマーレアマーレ」です。18歳からの6年間、私の礎となる大切な技術をシェフや先輩方に教わりました。

アマーレアマーレにいたころも、独立して店を開く準備期間にも、時間が許す限りさまざまな店で働かせてもらいました。和食屋さんでは包丁の扱い方を、お寿司屋さんでは魚の仕込みを、フランス料理店では高級食材の使い方を、焼き鳥屋さんでは炭火のことを学びました。

神戸の「せいごろりん」という焼き鳥屋さん。その親方の焼き方が好きで、今も鶏を焼くときには復習しています。皮がパリパリして美味しいとか言う前に、身の温度が肝心です。身に温度が入ったとき、結果的に皮が色づいてパリパリになっていたら最高です。その過程で串の温度まで考えて焼き続けなければいけません。

炭は一概に並べたところで意味がないものです。火力が出ません。まず、芯まで火が入っているか。それを叩いて灰を落とし、表面温度を上げることをします。圧倒的な酸素も必要です。そのため、細かく積み上げるようにして熱と酸素をコントロールしています。

魚市場でも働きました。最初の店を開く前の5年間ほど、早朝から深夜まで何軒も店を掛け持ちしました。自分の中で何かが欠けていることがすごく嫌で、それを補いたかったのです。毎日が嵐のようで、脳内の記憶はほとんどありませんが、手には記憶が残っています。

いろんな方から多くの技術をいただきました。私が「○○料理」と標榜したくないのは、そのお一人お一人へのリスペクトのためもあります。

column : 3

炭火の話

文月

～7月～

「リベンジでとうもろこし、送るよ」本庄弥助鮨の親方から連絡がありました。6月のとうもろこしも素晴らしかったのですが、「もっと美味しいのを見つけたから」と言うのです。6月は「未来」という品種で、今回は「ドルチェドリーム」という品種でした。私にとって味は甲乙つけ難く、ただ、やはり別物なので、前月の料理とは火の入れ方を変えました。

もう一人、よく食材を送ってくれる方がいます。食通として知られる三河の長崎浩二さんです。ご本業は会社経営者ですが、ご自身で飲食店も持っています。私の料理によく三河の海苔が登場しますが、それも長崎さんが送ってくれるおかげです。あさりやはまぐりも同様です。

器用な方で、竿を作り、釣具屋さんまで立ち上げて、時間を見つけてはクルーザーで漁場を回っておられます。長崎さんが最も得意としているのは、鹿児島で漁るあおりいかです。また、長崎さんほど良いびわますを仕入れている人を私は他に知りま

せん。ついでに言うと、うちの店で使っている火起こしや酒燗器も長崎さんが作ってくれました。

さて、丹波からの荷を開けるとバジルがパァッと香りました。篠山という栗や黒豆で有名な盆地の農家さんが毎年、送ってくれるものです。バジルは全国どこでも採れますが、私は芦屋時代からこちらの農家さんにお世話になっています。毎年この香りが届くと「夏が始まったな」と感じます。

畑の香り、漁場の香り、作る人、取る人の熱量、その場の光、空気感。時に、生々しいものでもあります。魚をさばくと血の匂いがします。ねっとりした生臭さも感じます。野菜の青くささにむせかえることもあります。私はそれを大切にしています。

お皿の上の料理は調理場の中で完結するものではありません。私がお客様に対面するとき、その背景には生産者さん、仲買さん、荒々しく美しい海や、土壌に降る雨、太陽の存在があります。そういうものをまるごと料理に出せたらいいなと思います。

びわますのスープ

名前の通り、琵琶湖で漁れるますです。身は薄造りにし、骨からはスープを抽出しました。長崎さんの魚は普通にお金を積んでも買えません。それを気前よく分けてくださるので、「頼みますからお金を払わせてください」とお願いして取引させてもらっています。

五島の天然しまあじ 揚げ

油に入れて「蒸す」という手法をよく使いますが、この料理は「揚げ」です。かなり強い火で、ガツンと思い切り熱を差し込んでいます。「蒸す」か「揚げる」かは魚の種類で判断したり、同じ種類でも届いたものの状態によって変えています。

　本庄弥助鮨の親方が送ってくれたとうもろこしと、たいら貝をすり流しにして、はだての雲丹をのせています。6月のすりながしとは、やはり、とうもろこしと貝が違うので、味も粘度もずいぶん変わりました。

とうもろこしすり流し、雲丹

びわますの薄造り

　長崎さんのびわますの薄造です。切る、という
それだけで料理になります。魚の状態を理解し、
包丁を研ぎ、適切に扱う。シンプルですが一番難
しいことなんじゃないかと感じます。
　寝かせるべき魚ではないですが、一度、冷凍を
かけました。骨のスープとお酢を詰めたものを塗っ
ています。少しの塩と、わさびを添えて。

篠山のバジル カペッリーニ

　確か大阪だったと思います。ワインバーで、すり鉢とすりこぎでジェノベーゼを作ってもらったことがあります。バジルの香りを立たせる道具としてこれ以上のものはないなぁと感心しました。以来、私も篠山からバジルが届くと、すり鉢でバジルソースを仕込みます。

　フードプロセッサーの刃で刻むのとは香りの立ち方がまったく違います。一方、イタリアには昔から石やオリーブの木の乳鉢がありますが、どちらかというと穀物の香りを立ち上げるのに適していると私は感じます。

　ダイレクトに香ってもらいたいので、にんにくも松の実もアンチョビも入れません。ですが、西条のトマトをオリーブオイルと塩だけでピューレにしたものは加えています。

噴火湾の毛がに

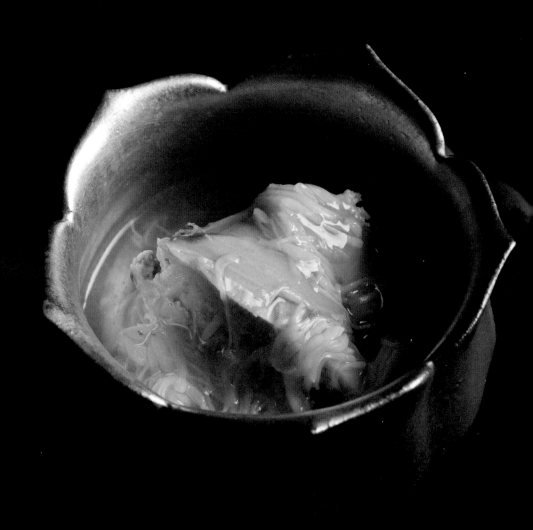

　三重のはまぐりと、いつもの天殻の帆立をブランドブランのシャンパンで蒸します。そこに北海道・噴火湾の毛がにのあんが落ちていく。
　複数の食材を使ってもどこか一点にフォーカスを当てることが多いのですが、こちらに関しては味をひとつにすることを狙いました。うちでは珍しい料理です。

山形の庄内で育ったパプリカと、店で作った
パンチェッタを使って、麺を合わせています。
私はイタリア料理店で修業しましたが、これを
パスタ料理と表現していいものかどうかわかり
ません。けれど、食べたくなる味です。

　これには間違いなく乾麺です。そこをこだ
わって手打ち麺でやってしまうと、食べたい味
から遠ざかってしまいます。

　本当は目玉焼きも敷きたいくらいですが、卵
白が入ると、人は突然、お腹がいっぱいになり
ます。コースの料理はまだ続きます。かといって
生の黄身では駄目ですし、温泉たまごやポーチ
ドエッグの黄身だけ取り出しても合いません。
そこで、人の体温より少し高いくらいの温度感
で卵黄に火入れをしました。間違えれば「生
ぬるい」とお叱りを受ける温度です。そうならな
いよう、器を温めるというレベルではなく熱いく
らいまで温度を上げておき、お席との距離感も
計算してお出しします。

庄内のパプリカ ナポリタン風

かきのセジール仕立て

明石浦のかき。生でも食べられます。ですが私には生で食べたい気持ちはありません。生ではどうしても生臭さがあります。それを取り去るためにはポン酢やらもみじおろしのような薬味が必要になります。素材を生かしたいなら、良い魚介は生で食べたほうがいいという"生もの信仰"は疑っていいのではないでしょうか。

この日は殻から取り出してすぐにシャンパンで下洗いし、焼きました。セジール仕立てともったいぶった書き方をしていますが、要は、もんじゃ焼きのよ

うにグッと押しつけて焼き付ける手法です。肝心なのは、このかきに対してどこまで火を入れるのか。中が半生ではまったく美味しくなりません。入っていく温度を理解し、芯の状態を想像できるかが問われます。

芦屋時代からずっと作り続けている料理です。これにはウイスキーを合わせていただきたい。特にブレンドしていない「響」がぴったり寄り添ってくれます。アルコールが苦手な方にも香りだけ合わせることをご提案しています。

炭火で１時間ほど素焼きにし、脂を抜きながら中の骨まで火を入れました。いつものように、うなぎ自体の脂で皮がバリバリになるよう仕上げていきます。ただし、水分をとばしてしまってはいけません。保湿のために、この日は白バルサミコのソースを使っています。

お米にのせていますが、すでにソースを塗りながら焼いているので、醤油のたれは必要ありません。塩さえふりません。うなぎ自体がお米に対しては塩である、という考えです。

響灘の海うなぎ

デセール 酒粕のムース

広島の藤井酒造「龍勢」という日本酒が大好きです。嬉しいことに、龍勢と虎ノ門 虣のダブルネームで2種のお酒を出させてもらいました。その酒粕を使ったムースと、お酒のジュレを、米粉のフォロという焼き菓子で閉じこめたスイーツです。酒粕の風味を生かすためにムースには甘みを入れていません。

酒粕は完全に無添加です。味が違います。「その代わり、酒造りに木の道具を使うので木くずが入っている可能性がある。それだけ気をつけてください」と蔵元に言われました。

藤井酒造のこと

　虎ノ門 嫺では料理も飲み物もおまかせいただいています。飲み物はお酒かお茶かの二択です。お酒はワイン、日本酒、その他も取り混ぜて、お茶は日本や中国のものを基本的に水出しで、いずれもグラス単位でお出しします。

　この一皿にこの一杯というペアリングはしません。それよりもお客様ごとのペースを優先して、スタッフの裁量でお注ぎします。ですから同じ料理でもお客様によって違うお酒やお茶を召し上がる、ということが普通にあります。

　ワインは最初のシャンパン以外、ほとんどブルゴーニュです。これは完全な私の好みです。日本酒はもっと幅があります。その中でも大ファンである広島・藤井酒造の「龍勢」から嫺の名を掲げたお酒を出すことができました。

　5代目蔵元であり会長の藤井善文さんが店にお越しくださった際、夜中まで呑んだことがあります。そこで「今年、出来がいいから一緒にやろう」と言ってくださり、トントンと話が進みました。「龍勢」のシリーズで私が特に大好きな「ゆらぎの凪」。そして秘蔵の「画龍点睛」。この2種です。

　嬉しくて、ラベルは私がデザインしました。そのラベルは1枚1枚、人の手で貼られます。

　「ゆらぎの凪」は八反35号という広島県特有のお米で作る生酛の純米酒です。高いお酒ではありませんが、生々しいお米の匂いが感じられて、水の感覚もわかりやすく、口に含むと風景が頭に浮かびます。奥行きもありますが、向こう岸が見えるような透明感が魅力です。甘くなく料理に寄り添ってくれて、どんな料理も美味しく感じられる。ありそうでないお酒です。

　「画龍点睛」のほうは雄町というお米の生酛純米大吟醸です。実は、磨いたお酒は食中酒としてどうなのか、という先入観がありました。でも、蔵を訪ねたときに飲ませてもらい、一瞬で考えが変わりました。トロトロッとしているけれど、まったく老ね感がない。しっかり酸は残っていて横から入ってくる旨みも最高です。幸せになれるお酒です。すぐに料理を作りたくなりました。浮かんだのは、魚のスープとお酒を1対1で煮詰めたものに薄く切った牛肉をさっと通し、少しの塩でいただく。そして「画龍点睛」を含む。お酒がソー

スになります。鼻から抜ける感じを想像してドキドキしました。こちらのお酒は地元のタンス屋さんが作る桐箱に入れることにしました。

　藤井酒造のある竹原市は瀬戸内海に面する古い町です。海風のおかげで夏は涼しく冬は暖かい。水道水には地下水が生かされ、軟水でとても美味しい。大山辺りから30年かけて流れつく地下水だという説が有力です。藤井酒造もこの豊富な水を使っています。会長曰く、水と仲が良すぎるために、たまにいたずらされるとか。高潮や台風で浸水し、蔵の1階で魚が泳いでいるのを見たそうです。それゆえ、蔵の心臓部は2階にあります。

　江戸末期の木造蔵で、釘は1本も入っていません。その2階でゴロゴロと転がっていた大正時代の木桶をリペアして仕込んだのが「画龍点睛」です。桶に限らず、木の道具に宿る微生物がいい働きをしてくれる、酒造りはいろんな菌の助け合いなのだ、と教わりました。

　その微生物と人間の共同作業である生酛仕込みを会長が復活させました。かなりの重労働

だそうで、蔵人さんも最初は抵抗したそうです。けれど生酛でしか得られない酒質があると納得し、なんと6代目になった息子さんは全商品を生酛に切り替えようとしているそうです。「やれるんだったらやってみろ」とこれには会長も驚いていました。

　お米を蒸す蒸気の作り方も、麹の保管の仕方も独特です。木桶や生酛のように昔の技術を復活させることもあれば、よその蔵と情報交換しながら新しい工夫も試みる。伝統をリスペクトしながら自分の代で一番良いお酒にしようと進化させています。本書の副題に「挑む」という言葉を選びましたが、その姿勢は藤井さんのような方々から見せてもらったものです。

　蔵を訪ねたのは夏でした。「冬の酛すりも体験してみませんか。ちょっと手をかけるとまた美味しく飲めると思います。自分に備わる菌で自分の香りを付けていただいて」と会長が招いてくれました。そんなことしていいものかと怯みましたが、「そしたら責任持って飲んでくださいよ」と、どこまでも大らかな人柄です。また行かせてもらいます。

葉月

～8月～

この季節には、よく鮎を焼きます。頭も骨も食べてもらうように焼いています。何を見るのかというと、尾の部分です。そこが沸騰してきます。

魚を焼くときに「骨に火を入れる」と何度も繰り返していますが、この場合、一瞬ですが尾の部分にポコポコポコと気泡が現れます。骨の周りが沸いて美味しいエキスが出ている印です。

表面の色だけを見て焼く人と、骨に火を入れていくという感覚を持つ焼き手とでは、まったく違います。骨のことを考えずに焼いても単に水分が飛んでパサパサになるだけです。骨に火を入れることができないのであれば、むしろ骨を引いてしまったほうがいいくらいです。私は魚の魅力は骨と皮にあると考えています。ですから、骨まで火を入れる努力をします。

野菜なら、中の水分です。それを食べてほしいと思います。なすを焼くなら、中の本当に美味しいところに火を入れてやる。なすが持っている水分を沸騰させて、召し上がったときにその水を感じてい

ただく。私にできるのはそのための仕事です。

焼いたなすを氷水につけるのか。そんなことをしたら台無しです。せっかく詰まっていたものを湧き上がらせたのに、熱いからといって氷水で薄めたら何の意味もありません。実と皮の間のトロトロしたところ、これが中にあった、なすの水です。ここを食べていただきます。これを引き出せたら、ソースも必要とせず、塩もほとんど不要なくらいです。

炊いた枝豆も、あえて色止めはしません。せっかくスープで炊いた枝豆に、やはり浸透圧で水が入ってしまいます。それを私は嫌うので、色はありのままにしています。

鮎だって化粧塩なんかしたら、味が飛んで美味しくなくなります。5月の稚鮎もそうでしたが、私の鮎にはゴリゴリに火が入っています。表面は焦げてもいいから、中の骨に火を入れる。伝統のセオリーとは違っても、私はそこを大切にします。

見ていただいていかがでしょう。素材が喜んでいるように思いませんか？

フエ鯛のスープ

　この日のスープは響灘のフエ鯛からとったものです。笛を吹いているような面白い顔をした魚で、身の模様に白い星と黒い星のものがあります。今日は白いほうの白星フエ鯛です。

高原川の鮎

岐阜の奥飛騨からやってきた鮎です。5月は
小さな稚鮎だったので生きた状態で届けてもら
いましたが、体が大きくなると〆てから送っても
らっています。生きたままでは運送中にストレス
をあびて、逆に品質が落ちます。
　焼く際にはシャンパンのソースによるコーティ
ングが不可欠ですが、今回のソースには焼いた
手長海老を加えています。身が大きくなるにつ
れ、ソースの強さが欲しくなります。

庄内の枝豆と帆立

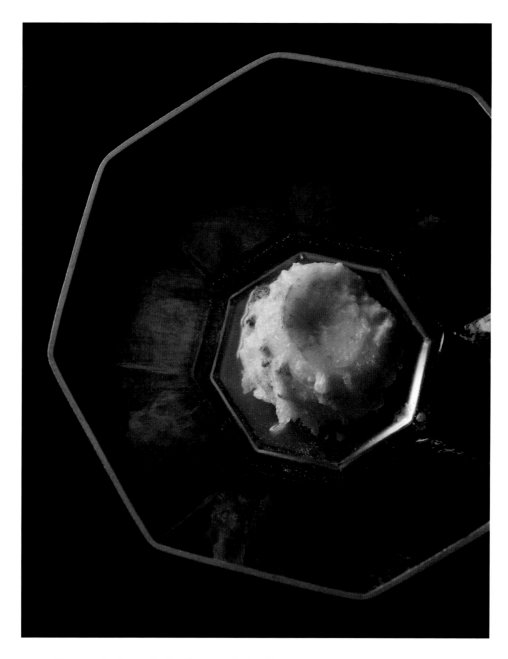

　フエ鯛のスープで炊いた枝豆を裏ごしして帆立に挟み、衣を付けて油で加熱します。これも私の中では蒸し料理です。空豆や、秋には黒豆でお披露目することもあります。
　衣の中に2つの食材があります。枝豆には速いスピードで火が入りますが、帆立はゆっくり加熱されます。けれど結果的には両方に入っている熱が均等でなければなりません。その状態を衣の様子で判断します。

淡路の地鶏の皮とせせり

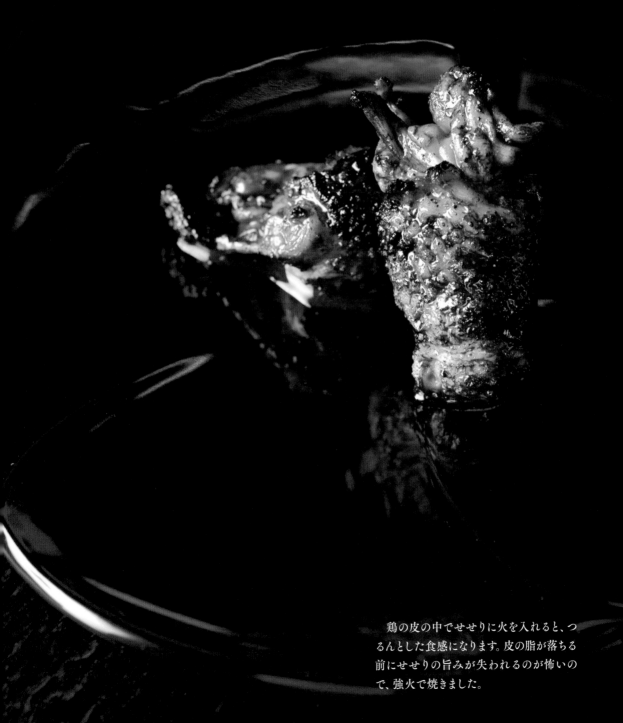

鶏の皮の中でせせりに火を入れると、つるんとした食感になります。皮の脂が落ちる前にせせりの旨みが失われるのが怖いので、強火で焼きました。

響灘の白星フエ鯛と岩手の石垣貝

フエ鯛と天然石垣貝を私流にアクアパッツァにしました。一般の様子とは異なるかもしれませんが、素材の味をみたら十分だったので、スープは盛り付けに不要と判断しました。

表に出ることがほとんどなかった石垣貝ですが、岩手で養殖も盛んになっています。生きた状態に火を入れ、細胞が活性化してふわっと開いたところを召し上がっていただきます。

自家製のドライトマトも加えています。自家製といっても、普通に売っているミニトマトに塩をかけてオーブンでセミドライにしただけです。酸味は欲しいけれど、ビネガー的な酸味は望まない。そんなときに野菜から出る酸の力を借ります。

北海道の夏のかにです。かにはみそが美味しい時期と身が美味しい時期が違います。夏は身が美味しく、コロッケにすると抜群です。

コロッケには響灘のあわびを入れました。九州のあわびは独特です。色が緑色で、火を入れたときに縦に膨らんでいきます。火の入れ方は私流のものです。真空にして日本酒で酒蒸しにしますが、それだけではあわびの旨みが出ていくばかりです。逃さないために、お酒にあさりを

入れて旨みを補います。

揚げると、ベシャメルソースにかにの身とあわびの身、あわびの肝の美味しさが入っていきます。割ってみて、糸を引くようにのびるコロッケ。これがコーンスターチを使わない、小麦粉で作る本来のベシャメルです。

かけているソースは自家製のケチャップです。あまり寝かせていない、若い状態のものを使いました。

響灘のあわびと噴火湾の毛がに

113

蔓草牛のほほ肉とその骨

　　お肉のゼラチン質と野菜のゼラチン質を一緒に食べてほしくて作った料理です。

　　お肉は蔓草牛のほほ肉です。フォンブランで8時間炊いてから同じ時間休ませて、もう一度2時間くらい炊きます。フォンブランは牛の骨と筋、水だけです。同じ旨みを持つ液体で炊くので、炊く間に肉から旨みが抜けたとしても、また旨みが入ってくれます。おかげで調味料は盛り付けてからかける少しの塩で済みます。

　　合わせたのは愛媛・西条の絹かわなす。交配していない伝統野菜で、長なすと丸なすの中間のようなものです。炭で焼いています。

　　野菜にもお肉にも、もちろん魚もそうですが、縦の繊維と横の繊維があります。絹かわなすの繊維は縦で、牛肉の繊維も縦。焼いたり炊いたりして繊維を壊すと旨みが現れます。

デセール
大納言 抹茶 テリーヌ

鹿児島の和香園「凰の香り」という抹茶を
使ったテリーヌです。特殊なフィルターで紫外線
量を調整して育てられた茶葉です。なめらかな
仕上がり、口に含んだときの溶け方にこだわっ
て温度調整しています。
　上の大納言は北海道のもので、パティシエが
3日かけて炊きました。ボトムはバターとアーモ
ンドのタルトです。

お越しいただいたお客様には、お土産にカヌレを差し上げます。デセール
を担当するパティシエは兄で、カヌレは姉が担当しています。
　砂糖でなくはちみつを使っているので、さほど甘さはなく、焼き焦がした
苦さを大事にしています。単純に見えるものほど難しい。仕事は面倒なこと
の積み重ねであることを忘れないために、このカヌレを焼いています。

カヌレのこと

p69
きすのスープ

［材料］
きす（淡路島産）の骨
帆立貝柱（陸奥湾産の「天殻」）
卵白

［作り方］
❶ 鍋にきすの骨を水とともに入れ、ゆっくりと煮立て、火からおろして鍋を氷で急激に冷やす。10℃くらいまで冷えたら濾し、鍋に戻し入れる。
❷ P61「ヨコワのスープ」の作り方❷～❺と同様にする。
＊きすのような小型の魚の場合、スープにする場合は炭で焼かず、そのまま使う。

p70
とうもろこしと帆立の
すり流し

［材料］
とうもろこし（味来・本庄産）
帆立貝柱（陸奥湾産の「天殻」）
きすのスープ（前出）
塩
揚げ油（太白ごま油）

［作り方］
❶ 200℃のオーブンで帆立をさっと焼き、表面のぬめりと余分な水分を落とす。
❷ とうもろこし半量を炭火で皮ごと焼き、皮をむいて包丁で実を削ぎ落とし、鍋にきすのスープとともに入れて煮る。❶を加えてさっと煮て、フードプロセッサーにかけて攪拌する。冷やして、味をみて塩少々を加える。
❸ 残りのとうもろこしは皮をむいて中温（175℃）の揚げ油に入れ、ゆっくりと油をかけながら素揚げにする。火が通ったら油から引き上げ、軽く塩をふり、包丁で実を削ぎ落とす。
❹ 器に❷のすり流しを盛り、❸をのせる。

p72
淡路島のきす

［材料］
きす（淡路島産）
薄力粉
衣（冷水、−60℃の冷凍庫から出したての薄力粉）
揚げ油（太白ごま油）
塩

［作り方］
❶ きすは三枚におろす。−60℃の冷凍庫から出したての薄力粉をふり、さっと衣にくぐらせる。
❷ 揚げ油を中温（180℃）に熱し、❶を入れて衣の中で蒸すように揚げる。
❸ 引き上げて油をきり、塩をふる。

p74
あぶらめ

［材料］
あぶらめ（あいなめ・明石浦産）
きすのスープ（前出）
千鳥酢
わさび
塩

［作り方］
❶ あぶらめはさばき、さくにする。炭火で皮目のみさっと焼き付ける。
❷ きすのスープと千鳥酢を合わせたものを刷毛で器にさっと塗り、あぶらめを1cm幅に切って盛る。わさびと塩を添える。

p75
あじ、雲丹、海苔

［材料］
真あじ（淡路島産）
海苔（三河湾産）
きすのスープ（前出）
雲丹
あさつき

［作り方］
❶ あじは三枚におろし、1cm幅に切る。
❷ 海苔をきすのスープでゆるめ、雲丹を加えて混ぜる。あじを加えてあえ、器に盛ってあさつきの小口切りをふる。

p76
せせり

［材料］
鶏せせり（淡路島産）
鶏ガラ
赤バルサミコ酢
セロリ
オリーブオイル
塩

［作り方］
❶ 鶏ガラでスープをとる。鶏ガラはきれいに掃除をし、血合いを指で取り除く。炭火で焼き、臭みと余分な水分をとばす。鍋に水とともに入れ、ゆっくりと煮る。
❷ せせりは串を打ち、炭火で焼く。途中、❶と煮詰めた赤バルサミコ酢を合わせたものをときどき塗りながら焼く。
❸ セロリを薄切りにしてオリーブオイル、塩少々と混ぜ合わせ、器に敷く。❷の串をはずして盛る。

p78
パンチェッタのパスタ

［材料］
自家製パンチェッタ
豚骨
玉ねぎなどの香味野菜
スパゲッティ（乾麺）
塩
オリーブオイル
グラナ・パダーノ
イタリアンパセリ
レモン（玉野産）

［作り方］
❶ 豚骨でスープをとる。パンチェッタを作る際に残った豚骨をオーブンで焼き、臭みや余分な水分をとばす。水、玉ねぎなどを加えてじっくり2日間ほどかけて煮る。
❷ フライパンに1cm幅に切ったパンチェッタとオリーブオイルを入れて火にかけ、パンチェッタの脂が染み出てきたら❶を濾して加え、混ぜながらソースを乳化させる。
❸ 鍋に湯を沸かし、飲んで美味しいと感じるくらいの塩を加えてスパゲッティをゆでる。
❹ ゆで上がったスパゲッティを❷に加え、グラナ・パダーノをすりおろして混ぜ、刻んだイタリアンパセリをふる。器に盛ってさらにグラナ・パダーノをすりおろしてかけ、レモンを絞る。

p80
太刀魚
愛媛の絹かわなす、トマト、大葉

［材料］
太刀魚（富津産、海老の浦井より）
絹かわなす（西条産）
トマト（西条産）
大葉
塩

［作り方］
❶ 太刀魚は三枚におろす。
❷ 絹かわなすは皮をむき、2cm角の棒状に切る。❶の半身の皮を下にして、身のほうに塩をふり、大葉を敷く。湯むきしたトマトの薄切り、絹かわなすを重ね、ぐるりと巻く。
❸ ❷に串を打って炭火でじっくりと焼く。野菜の水分で太刀魚の身がふっくらとし、皮目にいい焼き色が付いたら串をはずして2cm幅に切る。

p82
蔓草牛の煮込み

［材料］
蔓草牛赤身肉（新見産）
玉ねぎ
塩
米油
牛骨のフォン（P62参照）
赤ワイン（ボーヌワイン）
トマト（西条産）

［作り方］
❶ ソースを作る。牛骨のフォンと、フランベした赤ワインを合わせてトマトも加え、煮詰める。
❷ 蔓草牛の赤身肉はミンサーで粗めに挽く。楕円形に成形して塩をふり、少量の米油をひいたフライパンで表面を焼き付けるようにさっと焼く。玉ねぎは2cm厚さの輪切りにし、両面をさっと焼く。❶のソースを加えてさっとからめる。
❸ ❷を200℃のオーブンに入れ、2〜3分加熱する。器に玉ねぎ、牛肉の順に重ね、ソースをかける。
※トマトは季節、糖度に応じてフレッシュ、ホール缶を使い分けるとよい。

p84
デセール
マンゴーとパッションフルーツ

［材料と作り方］
カカオのシュクレ、ミルクチョコレートのムース、マンゴーのソルベを重ねる。マンゴーとパッションフルーツを合わせたソースをかけ、飴にドライマンゴーを加えた飴細工の飾りをのせ、ドライマンゴーのダイスをあしらう。

p88
びわますのスープ

［材料］
びわます（琵琶湖産）の骨
帆立貝柱（陸奥湾産の「天殻」）

［作り方］
❶ びわますの骨は炭火で焼いて臭みと余分な水分をとばす。
❷ P61「ヨコワのスープ」の❷～❺と同様にする。

p88
五島の天然しまあじ揚げ

［材料］
しまあじ（五島産）
薄力粉
衣（冷水、－60℃の冷凍庫から出したての薄力粉）
揚げ油（太白ごま油）
塩

［作り方］
❶ しまあじは三枚におろす。－60℃の冷凍庫から出したての薄力粉をふり、さっと衣にくぐらせる。
❷ 揚げ油を高温（190℃）に熱し、❶を入れて中までがつんと火を入れるように揚げる。
❸ 引き上げて油をきり、塩をふる。

p90
とうもろこしのすり流し、雲丹

［材料］
とうもろこし
（ドルチェドリーム・本庄産）
たいら貝
びわますのスープ（前出）
揚げ油（太白ごま油）
塩
雲丹（函館産）

［作り方］
❶ 200℃のオーブンでたいら貝をさっと焼き、表面のぬめりと余分な水分を落とす。
❷ とうもろこしは皮をむいて中温（175℃）の揚げ油に入れ、ゆっくりと油をかけながら素揚げにする。火が通ったら油から引き上げ、包丁で実を削ぎ落とす。
❸ 鍋に❶、❷、びわますのスープを入れてさっと煮る。フードプロセッサーにかけて撹拌する。冷やして、味をみて塩を加える。
❹ 器に❸のすり流しを盛り、雲丹をのせ、塩をふる。

p91
びわますの薄造り

［材料］
びわます（琵琶湖産）
びわますのスープ（前出）
千鳥酢
塩
わさび

［作り方］
❶ びわますは三枚におろし、一度冷凍する（アニサキス予防のため）。
❷ ソースを作る。びわますのスープを煮詰め、千鳥酢と合わせる。
❸ 器に刷毛で❷をさっと塗り、解凍した❶を薄切りにして盛り、塩とわさびを添える。

p92
篠山のバジルカペッリーニ

［材料］
バジル（篠山産）
トマト（西条産）
オリーブオイル
塩
カペッリーニ

［作り方］
❶ バジルの葉はすり鉢であたる。
❷ トマトは皮を湯むきし、オリーブオイル、塩とともにフードプロセッサーで撹拌してピューレにする。
❸ 鍋に湯を沸かし、飲んで美味しいと感じるくらいの塩を加えてカペッリーニをゆでる。ゆで上がったら流水で急激に冷やして締める。
❹ ❶に❷を加えて混ぜ、❸の水けをきって加えて混ぜる。

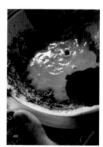

p94
噴火湾の毛がに

［材料］
毛がに（噴火湾産）
はまぐり（三河湾産）
帆立貝柱（陸奥湾産の「天殻」）
びわますのスープ（前出）
本葛粉
シャンパン（前日の残り・ブランドブラン）

［作り方］
❶ あんを作る。毛がには蒸して身をほ
ぐす。鍋にびわますのスープと毛がに
の身を入れてさっと煮て、本葛粉を加
えてとろみを付ける。
❷ 器に帆立、はまぐりを入れ、シャン
パンを浴びせるようにして加え、蒸気の
上がった蒸し器で蒸す。はまぐりの口
があいたら殻を除き、上から❶のあん
をかける。

p96
庄内のパプリカ
ナポリタン風

［材料］
パプリカ（庄内産）
自家製パンチェッタ
自家製ケチャップ
にんにく
玉ねぎ
オリーブオイル
スパゲッティ
塩
グラナ・パダーノ
卵黄
胡椒

［作り方］
❶ パプリカのソースを作る。パプリカ
は細切りにし、同じくらいに切ったパン
チェッタとともに鍋に入れ、自家製ケ
チャップを加えて煮る。
❷ フライパンにオリーブオイル、にんに
く、玉ねぎの薄切りを入れて炒める。
❸ 鍋に湯を沸かし、飲んで美味しいく
らいの塩を加えてスパゲッティをゆで
る。
❹ ❷に❶を加え、ゆで上がった❸に
絡める。器に盛り、人肌程度に温めた
卵黄をのせ、グラナ・パダーノを削って
かけ、胡椒をひく。

p98
かきのセジール仕立て

［材料］
かき（明石浦産）
シャンパン（前日の残り）
薄力粉
米油
長ねぎ
自家製バター
赤バルサミコ酢
びわますのスープ（前出）

［作り方］
❶ かきは殻をあけ、身を取り出してシャ
ンパンでさっと洗う。水をふき、薄力粉
を薄くまぶす。
❷ 赤バルサミコ酢とびわますのスープ
を合わせて少し煮詰める。
❸ フライパンに米油をひき、❶を強火
でフライパンに押しつけるようにして中
心に火が通るまで両面を焼く。
❹ 長ねぎの小口切りを加え、シャンパン
をひと回しし、バターを加え、❷を加
えてからめる。器にかきを盛り、フライ
パンに残ったソースを少し煮詰めてか
ける。器に盛り、ソースの味をみて塩
少々をふる。

p100
響灘の海うなぎ

［材料］
海うなぎ（響灘産）
バルセートラウデンセ（白バルサミ
コ酢）
びわますのスープ（前出）
米（城下さんの竹炭米）

［作り方］
❶ ツメを作る。バルセートラウデンセ
とびわますのスープを合わせて煮詰
める。
❷ うなぎはおろし、串を打って炭火で
1時間、骨に火を入れるようにじっくり
と焼く。途中、❶を刷毛で塗りながら、
表面が乾かないようにする。
❸ 米はさっと洗って竈で炊く。
❹ 炊き上がったご飯を器に盛り、❷を
食べやすく切ってのせる。

p101
デセール　酒粕のムース

［材料と作り方］
器に日本酒のジュレ（藤井酒造の「龍
勢」使用）を敷き、同じ蔵元の酒粕で
作ったムースをのせる。米粉で作った
フォロを割ってのせ、粉糖と金箔をふる。

p105
フェ鯛のスープ

［材料］
フエ鯛（響灘産）の骨
帆立貝柱（陸奥湾産の「天殻」）
卵白

［作り方］
❶ フエ鯛の骨は炭火で焼いて臭みと余分な水分をとばす。
❷ P61「ヨコワのスープ」の❷〜❺と同様にする。

p106
高原川の鮎

［材料］
鮎（高原川産）
シャンパン（前日の残り）
手長海老（高原川産）
塩

［作り方］
❶ シャンパンのソースを作る。手長海老を炭火で焼き、シャンパンと合わせて煮詰め、濾す。
❷ 鮎は串を打ち、炭火で両面を焼く。途中、❶のソースを手でところどころにふり、乾かないようにして、旨みも加えながらじっくり焼く。焼き上がりに味をみて塩をふる。

p108
庄内の枝豆と帆立

［材料］
枝豆（庄内産）
フエ鯛のスープ（前出）
帆立貝柱（陸奥湾産の「天殻」）
薄力粉
衣（−60℃の冷凍庫から出したての薄力粉、卵、水）
揚げ油（太白ごま油）
塩
ソース（フエ鯛のスープ、本葛粉）

［作り方］
❶ 枝豆をフエ鯛のスープで煮る。やわらかくなったらつぶして裏漉しし、手で丸める。
❷ ソースを作る。フエ鯛のスープを温め、本葛粉で薄めにとろみをつける。
❸ 帆立は横半分に切り目を入れ（切り離さない）、間に❶を挟み、冷蔵庫で落ち着かせる。
❹ ❸に−60℃の冷凍庫から出したての薄力粉をふって衣にくぐらせ、中温（180℃）の揚げ油で蒸すように揚げる。
❺ 油をきって塩をふる。器に❷のソースを敷いてのせる。

p109
淡路の地鶏の皮とせせり

［材料］
鶏皮、鶏せせり（淡路島産）
赤バルサミコ酢
鶏ガラスープ（P118 参照）
塩

［作り方］
❶ ツメを作る。赤バルサミコ酢と鶏ガラスープを合わせて煮詰める。
❷ 鶏皮を広げ、せせりをのせて巻く。串を打ち、途中で❶を刷毛で塗りながら、強火の炭火で脂を落とすように焼く。

p110
響灘の白星フエ鯛と
岩手の石垣貝

［材料］
フエ鯛（響灘産）
石垣貝（岩手産）
自家製ドライトマト
オリーブオイル
にんにく
白ワイン（シャルドネ）
フエ鯛のスープ（前出）
じゃがいも（北海道産）
玉ねぎ
自家製バター
塩

［作り方］
❶ マッシュポテトを作る。鍋にじゃがいも、水、玉ねぎ、少量のバターを入れて火にかける。最初に出たあくをひき、鍋ごと160℃のオーブンに入れ、ゆっくり火を入れる。テクスチャーがひとつにまとまったらつぶす。
❷ 鍋にオリーブオイルとにんにく、フエ鯛の中骨を入れて焼く。白ワインとフエ鯛のスープを加えて煮て、自家製ドライトマトも加える。
❸ フエ鯛に塩をふってオリーブオイルで焼く。バターを加え、❷のスープをすくってかけながら煮る。
❹ 皮目をしっかり焼き、返したら残りの❷のスープを濾して加え、煮る。煮上がりに石垣貝を加えてさっと火を通す。
❺ 器に❶を盛り、❹のフエ鯛、石垣貝を盛り合わせる。

p112
響灘のあわびと
噴火湾の毛がに

［材料］
あわび（響灘産）
あさり（三河湾産）
毛がに（噴火湾産）
日本酒
ベシャメルソース（P61参照）
衣（－60℃の冷凍庫から出したての薄力粉、卵、パン粉）
揚げ油（太白ごま油）
自家製トマトケチャップ

［作り方］
❶ あわびとあさりに酒を合わせ、真空調理で酒蒸しにする。
❷ 毛がには蒸して身をほぐす。
❸ 取り出して、あわびの肝を裏漉しする。ベシャメルを加え、しっかり混ぜ、あわびをさいの目に切って加えて混ぜ、❷のかにも加えて混ぜる。やわらかく丸め、刷毛で衣の薄力粉をまぶして形を整え、卵液にくぐらせ、パン粉をまぶしつける。冷凍庫で休ませる。
❹ 揚げ油を低めの中温（160℃）に熱し、❸の両面を揚げる。引き上げて網にとり、油をきって160℃のオーブンに入れ、余分な油を落とす。器に盛ってケチャップをかける。

p114
蔓草牛のほほ肉と
その骨

［材料］
蔓草牛のほほ肉（岡山産）
牛骨のフォン（P62参照）
絹かわなす（西条産）
塩

［作り方］
❶ 鍋に蔓草牛のほほ肉、牛骨のフォンを入れ、8時間ゆっくりと煮る。火を止めて8時間休ませ、さらに2時間火にかける。
❷ 絹かわなすは縦に数か所皮に切り目を入れ、炭火で焼く。手で触れるくらいになったらなすの皮をむき、食べやすく切る。❶に加えてさっと煮る。
❸ 器にほほ肉となすを盛り合わせ、塩をふる。

p116
デセール
大納言 抹茶 テリーヌ

［材料と作り方］
バターとアーモンドプードルで焼いたタルトに、抹茶のテリースを重ねる。表面に茶濾しでたっぷりと抹茶をふり、大納言（北海道産）を3日かけてゆっくりと煮たものをのせる。

福栄水産
〜九州の海と人と魚のこと〜

響灘の海うなぎも、玄海灘の九絵も、九州の魚はすべて福岡の福栄水産（屋号 立石商店）4代目、岡元 将さんが送ってくれます。扱う魚と同様に豪胆でエネルギーに満ち、真価を見抜く力と隙のなさから"お魚マフィア"の異名をとる人です。岡元さんと私は同じ歳です。たぶん私よりも身長は低いはずですが、ものすごく大きく感じます。

幼少のころから親父さんに「長靴を履いている奴は全員敵だと思え」と言われて育ったそうで、それくらい気を張っていないと極上の魚を好条件で得ることはできないのでしょう。良い魚がどんどん減っているこの時代、私たち料理人が好きにできるのは岡元さんのような陰のフィクサーがいてこそです。

私からは週に1、2回「魚をください」と連絡します。すると、その日ベストなものを見繕って送ってくれます。こちらから魚を指定することはありません。相手は海です。「○○が欲しい」と言ってもそんなに都合よくは揚がりませんし、揚がっても最良とは限りません。けれど、指定されれば不本意でも出さなければいけないのが岡元さんたちの商売です。そこにパワーを割いてもらうより本来の仕事をしてほしい。「むしろプレッシャーだ」と苦笑されますが。

量も任せています。任せたからには何がどれだけ届いても苦情は入れません。万一、疑問を感じる荷が届いたら、次からは連絡を控えるだけです。これまで岡元さんとは一度もそんなことにはなりませんでした。

最初は食事に来てくれたのがきっかけです。食べて、料理を解釈し、その上で自分が納得できるものを送ってみて、「これでよければお付き

合いください」というのが岡元さんのやり方です。その魚が見事だったので、私もすぐに福岡の中央卸売市場を訪ねました。夜明けの市場でひときわ活気があり、見慣れている私でも目を奪われる魚が並ぶ区画。人も魚も一番よく動いている場所。そこが福栄水産でした。以来、取引が始まり、3、4年の付き合いになります。

　以後も岡元さんは定期的に食べに来てくれます。私の店だけではなく、全国に足を運んでいるようです。「カウンターのこっち側、食べる側の目線で見ることがすごく大事だと思うので」と言って。感想を述べるとしても一言くらいです。それでこちらの求めるものを把握してくれ、次からの荷がさらにアップデートされます。私も年に数回は福岡の市場に通っています。魚は毎日変わるので行ってどうなるものではありませんが、岡元さんに会うために。

「魚って単発的に儲けるのは簡単なんですよ」と話してくれたことがありました。けれど、それではWin-Winの関係が崩れてしまいます。だから「魚を買ってもらう前に自分を買ってくれ」というのが岡元さんの流儀です。それでいて表に出ようとはしません。「スポットライトを浴びるのは自分じゃない」と、そこははっきりしています。私も修業時代からたくさん魚をさばいてきたのでわかりますが、外面が良くても中身が伴わないものはどうしてもあります。人も同じです。

　嬉しいことに、岡元さんがうちの「虓」の文字を気に入って、生まれた息子さんの名前にしたいと言ってくれました。ただ、この漢字が役所で受け付けられなかったとかで、「コウ」と読む別の字を当てたそうです。その字を刺繍したコックコートを特注して、お祝いにプレゼントさせてもらいました。私もときどき着ています。

秋の料理

長月

～9月～

この本を制作している2023年の夏は暑く、長かった。なかなか秋が訪れませんでした。それは店の周辺だけでなく、海も里山も同じです。

「秋の料理」と書いたページをめくってもらいましたが、私は無理やり秋らしい食材を用意しようとか、料理に変えようとか、そのようには考えません。仕入れの際にも言いません。変わりゆく四季の、ちょうどそのタイミングに揚がった魚、採れた野菜が店に届きます。それを一番美味しく召し上がっていただく方法を考えます。

カレンダーが9月になったからといって、急に魚は変わりません。なのに昔からのイメージに料理を当てはめることに意味はあるのでしょうか。もっとフレキシブルに、自分の信じる最高の味を提供する自由が料理人に許されていいと思います。

この日は猛暑の夏に疲れたかすごや鮎が届きました。それが悪いわけではありません。ひとつの個性です。そんなとき私は脱水の方法を考えます。

鮎は、盛りを過ぎた枯れたものが一番好きです。

生きたまま届けてもらう稚鮎もいいですし、旬のど真ん中も素晴らしいですが、その美味しさは皆さんもご存じでしょう。この時期、骨が大きくなって身が縮んだ鮎を好んで出す店はあまりないかもしれません。この趣のある旨みを骨から引っ張るためにどう火を入れるのか、考えてみました。

立派なしいたけもあります。これは揚げましょう。春に使った佐賀のしいたけと、この日のものとでは、似たようでも違う食材です。レシピにすると「高温で揚げる」と同じ表現になりますが、私の中では別の料理です。かさと軸の接点に旨みが詰まっているので、そこに火を入れます。

ものを見るまでは、揚げるのか、焼くのか、迷っていました。しかし、このしいたけには揚げるという調理が最善だと判断しました。炭で焼いても美味しいですが、炭焼きではその接点の部分に火を入れることが不可能です。不可能なら、そこを削らなければなりません。それはしたくないと思います。魚でいう骨を無視するようなものですから。

しらかわのスープ

響灘からの、しらかわの骨のスープです。
5月に作ったものも九州のしらかわのスープ
でしたが、同じ魚でも個体差で骨や身の味
も違いますし、そのためスープの味も変わり
ます。

出水のかすご

　鹿児島の出水で揚がったかすごの身を衣の中で蒸しました。水けの多い魚なのでそのままでは水っぽくなります。そこで、まず塩をふって水出しし、その塩を洗うような感覚で酢で〆てから衣を付けています。油にはパッと入れて、パッと出す。これで個性を生かせます。

　酢の味は淡く感じる程度。ただし、仕上がりに少しメイラード反応が出るのは、明らかに酢の作用によるものです。

出水の新いか

新いかを薄く切っています。いかだけで食べるより麺があったほうが美味しく感じられるので、ほぼ同割くらいでカペッリーニを混ぜています。淡路の海山の雲丹をのせて。

九州からの魚の便にへべすという柑橘が入っていたので、その果汁で風味を付けています。いかと雲丹、炭水化物、塩とオリーブオイル、柑橘の酸味。私はこれくらいの程合いが好きです。わさびのようなものを合わせると、完全に味が持っていかれてしまいますので。

淡路の本みる貝

本みる貝に煮切った日本酒を浴びせて炭火で焼きました。炭に日本酒が落ちてふっと香りが上がります。裏漉しした肝に少し日本酒を混ぜたものを塗っています。

貝から湧き出る旨みの水分は一瞬で沸騰します。その沸点まで一気に持っていき、瞬発的な熱量と炭の香りをまとわせます。

最初のスープと白ワインビネガーであえたみょうがを脇に。サラダみたいな感覚です。

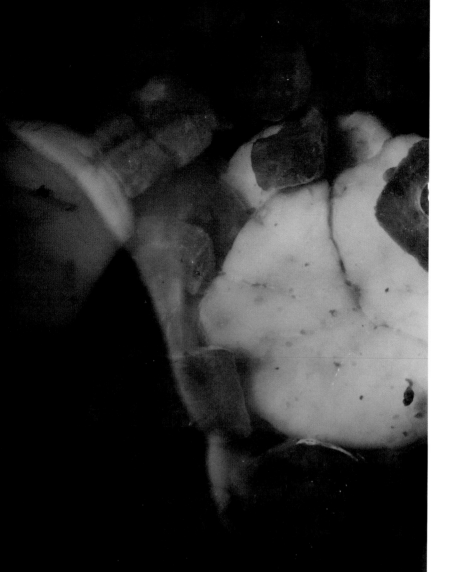

高原川の鮎です。残暑というか初秋というのか、もう、それほど元気がないものなので、美味しいオイルで煮出したいと思いました。愛媛・西条のトマトと玉ねぎ、にんにくを合わせ、オーブンで2時間ほどオイル煮にしていきます。

しらかわのスープもオイルと同量くらい入れていますが、加熱の間に水けがとび、最終的に液体はほぼ残りません。その間に野菜も脱水されていきます。

この料理に調味料はいりません。塩もふっていません。魚と野菜とオイルが素材自らの力だけで美味しくなってくれます。いつものパンと召し上がっていただきますが、これに限っては、わざわざ作るバターも邪魔かもしれません。

鮎のトマト煮

山形・庄内のしいたけ

　しいたけの良し悪しはかさの大きさでは判断できません。かさの厚みと、どれだけ水分を持っているかです。この日のしいたけも、軸に包丁を入れると水が出てきました。いきいきしている証拠です。

　ただ、干ししいたけという食材があるくらい、この水は料理の邪魔になります。そこで一気に脱水をかけるために強めの油で焼き付けるように揚げます。

　スタートは180℃ぐらいから。まず軸を下にして揚げます。油の温度を上げていき、裏返します。すると、しいたけから噴水のように水分が出ます。もう一度それを裏返す。油は高温です。しいたけの水が油に入り、ジャバジャバジャバッと飛び散って厨房は大変なことになります。

　揚げ始めに比べて、しいたけは一回り小さくなりました。これで脱水できました。

　かさの端のほうは香りです。軸のあるほうに旨みが詰まっています。ここに火を入れたくて、こんな揚げ方をしています。

淡路の車海老

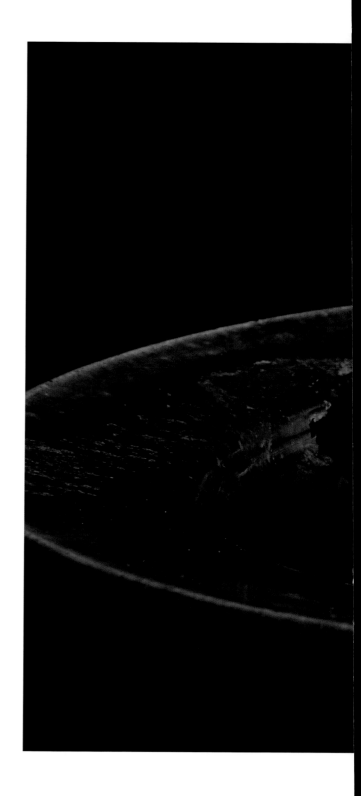

　海老は火入れが非常に難しい食材です。衣のようなものがないと、身が縮むばかりで美味しくなってくれません。そこで、生の状態でソースと合わせ、佐賀のはすで挟んだものを、自家製パン粉の衣で揚げます。

　はすは、先に石焼きにしています。うちのオーブンには石がごろごろ入っているので、その上に置いて焼いたものです。

　ソースはタルタルとベシャメルをつないだもの。タルタルだけでは流れ出てしまうので、ベシャメルで少し固さを足しました。

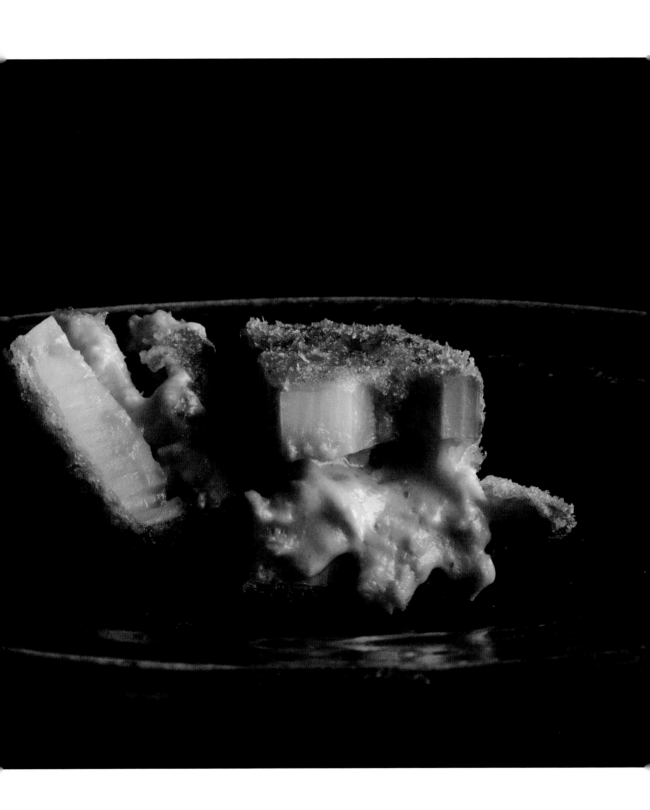

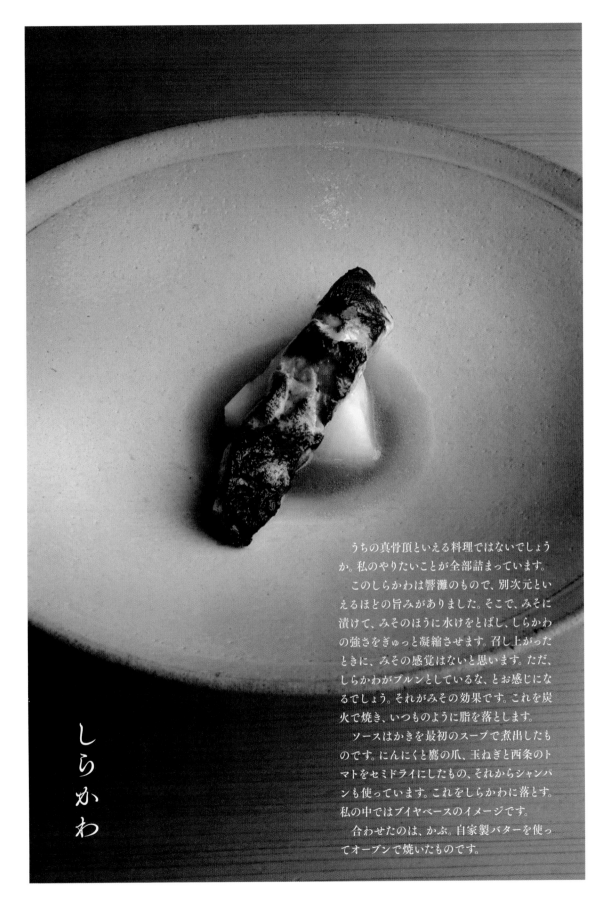

うちの真骨頂といえる料理ではないでしょうか。私のやりたいことが全部詰まっています。

このしらかわは響灘のもので、別次元といえるほどの旨みがありました。そこで、みそに漬けて、みそのほうに水けをとばし、しらかわの強さをぎゅっと凝縮させます。召し上がったときに、みその感覚はないと思います。ただ、しらかわがプルンとしているな、とお感じになるでしょう。それがみその効果です。これを炭火で焼き、いつものように脂を落とします。

ソースはかきを最初のスープで煮出したものです。にんにくと鷹の爪、玉ねぎと西条のトマトをセミドライにしたもの、それからシャンパンも使っています。これをしらかわに落とす。私の中ではブイヤベースのイメージです。

合わせたのは、かぶ。自家製バターを使ってオーブンで焼いたものです。

しらかわ

デセール
巨峰のコンポート

「皆さん、フルーツのお菓子が食べたくなるでしょう」とパティシエが考えました。サクサクした軽めのパイ生地に巨峰のコンポートとカラメルアイス、プチシューやナッツを豊かにあしらい、来る実りの秋を予感させます。

関西・中国・四国からの魚はすべて弘茂丸水産の西濱和弘さんに送ってもらいます。芦屋に最初の店を開いたときからずっとお世話になっている仲買さんで、関西圏の超一流店に卸している人です。

芦屋の店は9坪ほどの狭い場所でしたが、生簀で魚を泳がせていました。たぶんそれを見たのでしょう。「魚、買いませんか」と営業に来てくれました。さすがに無理だろう、と思うような注文を出してみたのに、ちゃんと揃えてくれました。しかも、極上でした。それからの付き合いです。

喧嘩もたくさんしました。芦屋時代、お金がなくて、それでも馬鹿みたいな仕入をしていたので、支払いが精一杯でした。だから少しでもン？と思う魚が混ざっていると「なんだ、これは」と、当時はいちいち激昂していたのです。「そんな、怒らんでくださいよ」みたいに西濱さんは柔らく返してくれる。喧嘩になってないですね。

芦屋の店を始めたときは客単価3000円くらいでした。でも、使いたい食材を使っていたので、正直、赤字続きでした。店が終わると練りもの屋さんの工場で夜勤のバイトをして、早朝からは魚市場で魚をさばく仕事もしていました。それから店の仕込みに入るという毎日です。

column : 6

弘茂丸水産

～瀬戸内の海と人と魚のこと～

それでも食材だけは何があろうと絶対に質を下げたくありませんでした。余っても心を鬼にして、サービスで出したりはしませんでした。タイミングを逃して食材のポテンシャルが下がっているのに、無理に引き延ばしてごまかしたくなかったからです。今のような技術もなかったので、本当に食材頼りでした。そんな私の店を支えてくれたのが、西濱さんの魚です。

笑い話ですが、当時、すごく繁盛している店だと思われていたらしいです。今、虎ノ門 嶎で使っている食材と変わらないレベルのものを仕入れていたので。あるとき、お客様が「人を連れて行くから5000円のコースを作ってくれない?」と予約してくださり、すごく嬉しくて10品も出しました。お1人に1個ずつ原価5000円のあわびも付けたりして。ずっとそんな感じでした。西濱さんも紆余曲折ありました。お互い、いろんな時期を知っているので、戦友のように思っています。

会いに行くときは、神戸や明石、淡路島の漁港や市場を一緒に回ります。それぞれに、せりの仕方も掛け声も独特です。明石浦の漁港などはたぶん日本で唯一、世界でも珍しいと思います。敷地のほぼ全体が海水を汲み上げたプールになっ

ていて、魚を生かしたまませりにかけます。

　西濱さんももともとは漁師さんでした。生まれ育った淡路島では父親から船を贈られるという伝統があり、弘茂丸という船をもらったそうです。でも、小さいときから毎日魚ばかり食べていて、魚が嫌いになり、触りたくないので、船を売って仲卸に就職した。面白い人です。

　「好きこそ物の……」という言葉もありますが、逆もまた然り。私がバターを作るのも、実はバターが苦手だからです。そのため美味しいバターを作りたくなる。西濱さんを見ていると、嫌いだからいいんじゃないかと思います。

神無月

～10月～

10月は神様が出雲に出かけてしまって神無月と言われますが、出雲では神在月と言うそうですね。全国の神様が一堂に会するように、ここ虎ノ門 崲にも秋の味覚が集まります。それはもう暴力的と言いたくなるくらい、これでもか、とパンパンに強さを増した食材ばかりです。

旨みを増した伊勢海老、車海老、釧路の毛がに、佐賀の竹崎かに。武川のししゃもも解禁になります。お米も新米になり、途方もない甘さを持ちます。こうなるともう、料理人にとっては地獄絵図です。降参するしかありません。私たち料理人が手出しをする術がないくらい、すべてにエネルギーがあふれています。

魚の種類も量も仲買人さんに任せていますが、届いた食材はぜんぶ使わせてもらいます。1日のコースで甲殻類がかぶるとか、炭水化物が重なるとか、そうなっても私はなんとも思いません。ですからコースの品数も日によってまちまちです。立派な雲丹でも、ブランドのかにでも、主役としてだけで

はなく、脇に回って調味料の役目をしてもらうこともあります。

甲殻類は基本的に生きた状態で届けてもらうので、車海老、毛がに、竹崎かには先ほどまでエネルギッシュに動いていました。ただ、この日の伊勢海老と富山海老は〆てから送ってもらいました。生きたまま仕入れることもできますが、これに限っては寝かせたほうが美味しいと判断したためです。

伊勢海老は淡路の海のものです。海流が激しいため、流されないように脚が短く、筋骨隆々です。真鯛も淡路のものです。骨を見ると、一番激しく動くところが膨らんでコブのようになっています。力士が持つような、ああいう姿の真鯛は瀬戸内では揚がりません。どちらがいいとか悪いとか、何が美味しいかという話ではないのですが。

そんな海の世界にお連れしましょう。料理人には地獄絵図だなんて口の悪い言い方をしましたが、お客様にとっては天国です。いや、竜宮城かもしれません。

真鯛のスープ

甲殻類が豊富に揃ったこともあり、真鯛の
骨のスープに海老の殻を加えました。魚の骨
も炭火でサッと焼き、海老の殻も火の上で転
がすくらいにさっと炙っています。

南淡路の伊勢海老

　生では味が伝わりにくいけれど、火を入れきってしまうとパサつきます。特に、表面に当てる温度が高すぎると、キュッと縮んでしまいます。そうならないように、衣の中で蒸して身を膨らませ、余熱で生から変化する瞬間を召し上がっていただきます。

出水のすみいか、富山の海老、三河の海苔

　まず富山海老を召し上がってもらい、奥に控えるすみいかとカペッリーニを三河の海苔のソースで楽しんでいただきます。少しコクが欲しかったので北海道の塩水雲丹を調味料として使っています。複数の食材を使いますが、口に入ったときの状況を想像しながら、ひとつひとつに塩を当てて、へべすの果汁をしぼり、複合的な旨みにまとめました。

　富山海老は種類としては牡丹海老とほぼ同じものです。違いは殻に白い斑点があるかどうかくらいです。

武川のししゃも

　北海道・武川のししゃもです。数年後には食べられなくなるんじゃないかと心配されています。2021年は70t揚がったと聞いていますが、2022年はわずか65kgほどだったそうです。

　ししゃもは雄のほうが価値があると言われています。雌は卵を持ち、そちらに栄養がいってしまうからです。ですが、雄雌の判別は難しいですね。豊洲の仲買さんが頑張って選別してくれますが、それでも完全ではありません。

けれど、そこにこだわりすぎるより、料理人としてすべきことがあります。私はやはり、骨に火を入れる努力をします。

　伊勢海老は蒸し料理でしたが、こちらは揚げた料理です。よくある南蛮漬けもそうですが、揚げたものにソースを絡ませると美味しいです。私は強い調味料を使わず、白バルサミコ酢と真鯛のスープであえたみょうがをのせます。

城下米と竹崎かに

竹崎かには有明海で漁れるワタリガニで、月の満ち欠けによる満潮・干潮の差が激しい海で育つため、身が甘くなるという説があります。

この時期はまだ内子が入る前で、身が美味しい時期です。内子が入ると、どうしても身がやせていきます。美味しい時期の身の甘さを引き出すために、最初に20秒だけ塩ゆでして、その後に蒸すというやり方をしています。

城下さんの新米に合わせました。かにもお米も水分量が多く、透明感のある甘さを持っています。そこで、塩味が欲しくなります。塩をふってもいいのですが、揚げた桜海老をふりかけ代わりに使用しました。

淡路の真鯛、釧路の毛がに、陸奥湾の帆立

いつもの天殻帆立に真鯛をのせてシャンパン
と最初のスープを詰めたもので蒸す、私が得意
とする料理です。釧路の毛がにものせました。
　シャンパンも調味料です。それにはブランド
ブランが最適です。黒ブドウのお酒も飲むと美
味しいのですが、煮詰めるとえぐみが出てしまう
ので、料理にはブランドブランを好みます。

マカロニと宇和島の車海老

　涼しくなるとマカロニグラタンを食べたくなります。車海老の頭で牛乳を炊いた"海老ミルク"みたいなものでベシャメルソースを作り、それを海老の身にかけます。竹崎かにの脚の身をうま味調味料の代わりに少し入れています。

　マカロニは店で打ちます。市販のマカロニも美味しいので、あれに勝つためには圧倒的な技術と高性能のマシンが必要です。そのマシンは圧力をかけるためのもの。では、圧力はなんのためかというと、水分を飛ばすためです。ということは高価なマシンがなくても、温度や湿度の調整で水分を飛ばせばいい。それを私はやっています。おかげで使うマシンはイタリアの家庭用の数千円のもので済んでいます。

デセール 愛媛中山の和栗にビターのグラサージュ

　故郷に近い愛媛県伊予市中山町は、栗の出荷量で全国一、二を誇ります。子どものころは庭先で石焼き芋のように栗を焼き、バリバリっと殻を切って渋皮のところまでゴリゴリとスプーンで削りながら食べるのが大好きでした。果物でもなく、野菜でもなく、美味しい植物を食べている。そんな感覚でした。

　同じ思い出を持つパティシエの兄が、中山町の栗でモンブランを再構築したものがこのデセールです。個人的には、こんなふうにするより焼いただけでいんじゃないかとも思ったりしますが、お客様には大変喜んでいただいています。有名なブランドの栗も素晴らしいけれど、さらに旨みを感じると褒めていただきます。

坂下さんの話 〜切るという料理のこと〜

あるお店に食べに行ったとき、そこの料理人さんが格好良い包丁を使っていました。坂下勝美さん（二葉商会）、通称 研心さんの包丁だと知り、翌朝、すぐにお電話をして工房のある佐賀県に向かいました。お願いしても6、7年待ちだとわかっていましたが。

1943年生まれで、24歳から研ぎ続けているという研心さんは、独学の人です。砥石や研磨用ペーパーといった道具類も、研ぎの技術も、包丁の維持管理のやり方も独特です。そもそも包丁自体が唯一無二。刃渡り約39cmの刺身包丁、7角形の柄、鹿の角やバイオリン用の名木の柄……そのサイズ、形、材料のひとつひとつに、切ることのための理由があります。

もともと、まったく別の業界でサラリーマンをされていました。ある人が包丁を研ぐ機械で特許を取ったという新聞記事を見て面白そうだと思って遊びに行ったら、やみつきになったそうです。それ以来、ただただ好きで、夢中で新しいことを試し続けて今日に至るのだといいます。「伝説の研ぎ師」「包丁の神様」などと呼ばれるようになっても常に情報を入れ、アイデアを考えて、進化を続けていらっしゃいます。

初めて訪問してから、年1、2回は会いに行くようになりました。電話でも頻繁に話をさせてもらっています。これは私だけではありません。和洋問わず有名料理人から若手まで、研心さんを訪ねて話を聞かせてもらうのが業界の登竜門のようになっています。

というのも、研心さんは弟子を取りません。その代わり料理人に包丁の維持管理の方法を教えようとしてくれます。「自分が育っていくためにはお客さんを育てないといけないよね。お客さんを育てて、いろいろな情報を聞く。それを参考にして自分も考えていかないと進まない。砥石ひとつのことだってそうやって勉強してきたよ」と研心さんは言います。そして、「仕事は最後、人間関係。いろいろできるのもやっぱり人との交流のおかげだから」そう言って、来る者拒まず、工房に上がらせてくれます。

私は研心さんの包丁を2本、使っています。お刺身を切る包丁と、小さいサイズの包丁です。この2本ですべてできます。「包丁の切れ味は麻薬だ」とは研心さんの言葉ですが、切れ味で料理は変わります。魚も野菜も舌に当たる感覚がまるで違います。それは断面の違いです。

断面をきれいにするためには抵抗をなくす必要があります。そのために研心さんの包丁には空気の通り道が作られています。一見わかりませんが、刃のアゴの辺りに水を垂らすと切っ先に向かってきれいな筋で流れていきます。このおかげで真空状態にならず、抵抗がないためスーッと切れます。このようなアイデアや工夫がたくさんほどこされています。

私は刺身包丁のメンテナンスのために数ヶ月、研心さんに預けたことがありますが、その間、切る料理はやめました。「最近、お刺身出ないね」と常連のお客様に言われてしまいました。

うちの若い者にもそれぞれに合った包丁を贈っています。「いつか自分で買えるようになるまで、1本ボロボロにしてもいいから」と言って渡します。料理人はなるべく早いうちから良い包丁を使うべきです。「その包丁を人の2倍も3倍も握っていなさい。誰といるよりも包丁と一緒にいなさい」と教えています。指と包丁が一体になって、包丁で食材に触れても指で触るのと同じ感覚を得られるようになること。切り方の技術は、そこからだいぶ先の話です。

霜月

～11月～

修業したイタリア料理店へのオマージュとして毎年作りたくなる料理があります。南瓜のニョッキです。師匠のレシピから変えたのは、小麦粉を入れない、という部分です。

高校卒業後すぐに。「アマーレアマーレ」という店に入り、生まれて初めてニョッキを食べました。「うわー、なんて美味しいんだ」と感激でした。でも「ちょっと粉っぽいな」とも感じたのです。カルボナーラさえ初めて食べたぐらいだったので、自分の舌はどうかとも思いますが、いつか粉を入れずにニョッキを作ってみたいと思ったのです。

そのニョッキは粉を入れていないので茹でると溶けます。だから、オーブンで焼きます。

合わせるのはきのこのソースです。南瓜ときのこの香りが最高です。「アマーレアマーレ かぼちゃのニョッキ」で検索して、きのこが入っていなければ、何かの間違いじゃないかなと思います。

10月に負けず劣らず食材が面白いので作りたいものはたくさんありましたが、いろいろ外しました。

そして1品、加えました。若手の一人が考えた料理です。トマトを発酵させ、その乳酸菌で丸揚げしたなすの繊維を崩してソースに変えて、天殻帆立に上手に合わせています。

帆立の火の入れ方は、7月にお披露目した「かきのセジール仕立て」をヒントにしたと本人は言います。ただ、風味は醤油で付けています。醤油を使わないこの店に入って、彼は厨房の隅でずっと醤油を手作りすることに挑んでいました。私がニョッキに粉を入れないように、彼は醤油を使うことを選択したのでしょう。ある意味、私の料理の真髄をわかってくれたのだな、と嬉しく思いました。

まかないでこの料理が出され、美味しいなぁと感動したので、コースに加えました。今日一番のハイライト、それくらい見事な味です。

聞くと、器の作家さんから「この皿に合う料理を作ってください」と言ってもらったことがあり、以来ずっと考えていたそうです。作家さんにも喜んでいただけるといいのですが。

鰆、海うなぎ、ぶどう海老のスープ

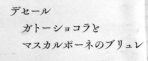

　鰆と海うなぎの骨にぶどう海老の殻も入って、強い味になっています。これをコースの最初にお出しして、料理にも使っていきます。他の食材もかなりエネルギッシュなので、そうしたパワフルなものにはパワフルなソースが欲しくなります。特に、海うなぎの料理に焦点を合わせたスープです。

五島のかじきの唐揚げ

　かじきの時期はすごくタイトで、脂がガッチゴチに入っているのはこの一瞬だけです。それでも最初からガツンと熱を入れるとパサつきます。柔らかい温度で少し油を吸わせ、けれど吸いすぎないように温度を上げて衣をしっかりさせてから、また温度を下げて身に火を入れていきます。衣の本葛粉のことも計算しながら温度の曲線を描きます。

　この料理は唐揚げです。粉が白く浮いて、その下に少しメイラード反応が出ています。片栗粉と醤油を使えば簡単ですが、それを生姜酢と揚げ方でコントロールしています。おかげで上品な鶏肉のような味わいを引き出せました。

愛南のかつお

私の故郷から海岸沿いを1時間ほど南下すると、高知県との県境に至ります。愛南町という、そこで揚がったかつおです。

　かつおは寿司職人さんの手の温度ぐらいでいただくのが美味しいです。私は炭で炙り、器も人肌ぐらいに温めて、いわゆるタタキよりも2、3ミリ薄く切ります。この厚さだと器の温度も身にやんわり入ります。その利那を味わっていただきたい。数分で酸化して、色も味も変わってしまいます。

　厚く切ると醤油やポン酢、薬味が欲しくなります。かつお自体を味わうには、このくらいがちょうど良い。では、カルパッチョなら？と思うかもしれませんが、オイルをのせたら駄目です。脂がのった魚に油をのせる必要はありません。

　むしろ脂はしっかり焼いて落とします。ただし、藁焼きにはしません。自分の脂で十分に火が起きるので、藁の香りを付けたくないと思います。本当はわさびもいらないくらいです。

羅臼のぶどう海老

　大好きなぶどう海老ですが、これに限らず魚介には生臭さもあります。強い醤油とわさびがあればなんとも思わないことでも、最小限の調味料で食材を味わう際には致命的になります。そこで最初のスープとレモン水で磨き、生臭さを洗い落とすことをします。

　朝、八百屋さんに美味しそうなアボカドが

あったので急遽、メニューを変更しました。私らしくない料理かもしれません。基本的には何かを引いていく料理をしますが、これは足し算の料理です。アボカド、トマト、海老の卵、少しのわさび……あと何を入れたか思い出せないくらいです。ぐちゃぐちゃっと全体をあえて美味しい一皿です。

きのこと南瓜のニョッキ

　　まず、南瓜のくぼみにお酒を入れてホイルで包み、オーブンに入れます。じっくり時間をかけて澱粉質を糖質に変える、要するに石焼きいもの発想です。わたが完全にカピカピになるまで焼きます。メロンもそうですが、わたが甘くて旨みも持っているので、捨てるのはもったいないです。それを絞り出して、冷凍します。そうして組織を壊して、完全に水分を飛ばし、甘みと旨みを凝縮します。これが粉を入れないニョッキです。

　　ソースは、きのこから出た湯気が焦げついて煙に変わる瞬間に牛骨のフォンを入れ、旨みをこそげとるようにしたものです。

トマトと帆立、秋なす

　若手が考え、一人で作った料理です。豊洲の、私も懇意にしている八百屋さんから、山形のよずべぇさんというトマト生産者さんを教わってきました。最上川の流域で美味しいトマトを育てている方です。そのトマトを2日ほどかけて発酵させ、やはり自分で発酵させた醤油の風味と合わせています。

淡路の鰆と青森すじこ

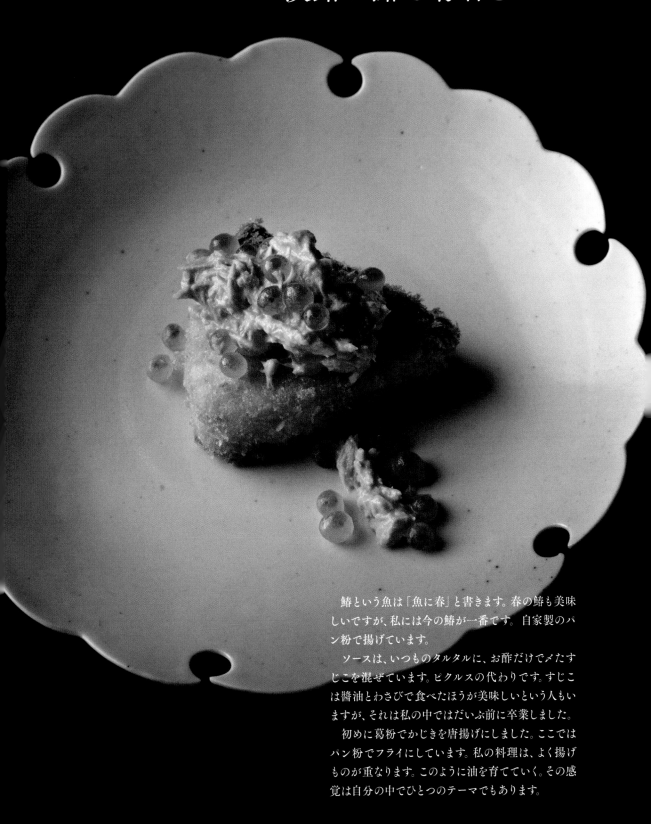

鰆という魚は「魚に春」と書きます。春の鰆も美味しいですが、私には今の鰆が一番です。自家製のパン粉で揚げています。

ソースは、いつものタルタルに、お酢だけで〆たすじこを混ぜています。ピクルスの代わりです。すじこは醤油とわさびで食べたほうが美味しいという人もいますが、それは私の中ではだいぶ前に卒業しました。

初めに葛粉でかじきを唐揚げにしました。ここではパン粉でフライにしています。私の料理は、よく揚げものが重なります。このように油を育てていく。その感覚は自分の中でひとつのテーマでもあります。

響灘の海うなぎ

秋になって、丸太のようにゴリゴリに肥えた海うなぎです。マッチョなものには何かをまとわせてバランスを取りたくなります。私流のう巻きを作りました。

炭火で焼いたうなぎをだし巻き卵で巻いています。だし汁というのは最初のスープです。このために強いスープを用意していました。フワフワ、トロトロの卵料理が人気ですが、卵というものは水分を飛ばさないと味がわからない食材です。だから私は薄く焼き上げる努力をしています。

大葉の香りを混ぜたご飯にのせています。

デセール
ガトーショコラとマスカルポーネのブリュレ

　打ち合わせたわけではなかったのですが、私が粉を入れないニョッキを作った日、パティシエが用意したのは粉を使わないガトーショコラでした。口溶けのために小麦粉は不要なのだそうです。美味しさを追求するうえで必要ないものがあるという考えは共通しています。

　コーヒー風味のチュイールやエスプレッソのシロップ、マスカルポーネのムースやブリュレも一緒になって、全体でティラミスのイメージだそうです。ブリュレを作る際、店にバーナーがないので、炭火を近づけて焦がしました。

175

p129
しらかわのスープ

［材料］
しらかわ（甘鯛・響灘産）の骨
帆立貝柱（陸奥湾産の「天殻」）
卵白

［作り方］
❶ 鍋にしらかわの骨を水とともに入れ、ゆっくりと煮立て、火からおろして鍋を氷で急激に冷やす。10℃くらいまで冷えたら濾し、鍋に戻し入れる。
❷ P61の「ヨコワのスープ」の作り方❷～❺と同様に水から煮て清澄させ、濾す。温めた器に注ぐ。
＊今月のしらかわの骨は状態をみて、炭火では焼かずに水から煮てスープにした。

p130
出水のかすご

［材料］
かすご（出水産）
千鳥酢
薄力粉
衣（冷水、−60℃の冷凍庫から出したての薄力粉）
揚げ油（太白ごま油）
塩

［作り方］
❶ かすごは三枚におろす。塩をふり、千鳥酢に漬けて30分ほどメる。
❷ ❶の水をふき、−60℃の冷凍庫から出したての薄力粉をふり、衣にくぐらせる。高めの中温（185℃）の揚げ油でさっと揚げる。揚げ上がりに塩をふる。

p132
出水の新いか

［材料］
いか（出水産）
オリーブオイル
へべす（大分産）
塩
カペッリーニ
あさつき
雲丹（淡路島産）

［作り方］
❶ いかは薄く切る。
❷ 鍋に湯を沸かし、飲んで美味しいくらいの塩を加えてカペッリーニをゆでる。ゆで上がったら流水で急激に冷やし、水をきる。
❸ ❶とオリーブオイル、しぼったへべす、塩少々、あさつきの小口切りを混ぜ、❷を加える。全体をあえて器に盛り、雲丹をのせる。仕上げに塩少々をふり、へべすをさらにしぼってかける。

p134
淡路の本みる貝

［材料］
本みる貝（淡路島産）
日本酒（煮切ったもの）
米油
塩
しらかわのスープ（前出）
白ワインビネガー
みょうが

［作り方］
❶ みる貝は食べやすく切る。肝は裏濾しし、日本酒と合わせる。
❷ 焼き網に米油をさっと塗り、みる貝を煮切った日本酒にくぐらせて炭火で焼く。途中、刷毛で❶の肝の裏漉しをぬって焼く。焼き時間1～2分と短め。
❸ 器に盛り、塩、しらかわのスープ、白ワインビネガーであえたみょうがの小口切りを添える。

p136
鮎のトマト煮

［材料］
鮎（高原川産）
帆立貝柱（陸奥湾産の「天殻」）
トマト（西条産）
にんにく
玉ねぎ
オリーブオイル
しらかわのスープ（前出）

［作り方］
❶ トマトは1cm角くらいに切る。帆立はオーブンで表面の水分とぬめりをとばす。
❷ 鍋に鮎、❶のトマトと帆立、にんにく、玉ねぎを入れ、オリーブオイルと、同量のしらかわのスープを加える。鍋ごと170℃のオーブンに入れ、2時間、ゆっくりと火を入れる。素材の塩分のみで塩は加えない。

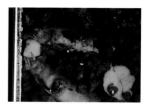

p138
山形・庄内のしいたけ

［材料］
しいたけ（庄内産）
薄力粉
衣（冷水、−60℃の冷凍庫から出したての薄力粉）
揚げ油（太白ごま油）
塩

［作り方］
❶ しいたけは軸の部分に包丁で格子に切り目を入れる。−60℃の冷凍庫から出したての薄力粉をまぶし、衣にくぐらせて中温（180℃）の揚げ油に軸を下にして入れる。
❷ 揚げ始めはしいたけ全体をコーティングしつつ、水分を油に出す。返して軸を上にすると、水分が噴き出す（はねるので注意する）。何度か返しながら、徐々に油の温度を上げ、7〜8分かけて焼き付けるように揚げる。
❸ 揚げ上がったら油をきり、塩をふる。食べやすく切って器に盛る。

p140
淡路の車海老

［材料］
活車海老（淡路島産）
れんこん
卵黄
千鳥酢
ベシャメルソース（P61参照）
薄力粉
溶き卵
自家製パン粉
揚げ油（太白ごま油）

［作り方］
❶ れんこんはぬらしたペーパーでくるみ、さらにアルミホイルでくるんでオーブンで石焼きにする。取り出し、スライスする。
❷ 海老は殻をむいて1cm幅に切る。火を入れた卵黄、酢、つなぎにベシャメルソースを加え、海老とあえてれんこん2枚で挟む。−60℃の冷凍庫から出したての薄力粉、卵、パン粉の順に衣を付け、冷蔵庫で休ませる。
❸ 揚げ油を中温（180℃）に熱し、❷を入れてさっと揚げる（ほんとうに10秒程度）。引き上げて160℃のオーブンでじっくり油を落としながら火を入れる。食べやすく切る。

p142
しらかわ

［材料］
しらかわ（響灘産）の切り身
かき（明石浦産）
みそ
自家製バター
にんにく
玉ねぎ
自家製セミドライトマト（西条産）
鷹の爪
シャンパン（前日の残り）
しらかわのスープ（前出）
かぶ

［作り方］
❶ しらかわはみそに漬ける。
❷ ソースを作る。フライパンにバターを溶かし、かきを入れて強火で焼き付ける。にんにく、玉ねぎ、自家製セミドライトマト、鷹の爪、シャンパンを加える。しらかわのスープを加えながら、時間をかけて煮て、濾す。かきのネガティブな感じがあった場合、あさつきも加える。
❸ ❶のしらかわのみそをふき取り、串を打ち炭火で焼く。
❹ かぶはバターを塗ってアルミホイルにくるみ、オーブンで焼く。かぶを切って器に盛り、❸のしらかわをのせ、❷のソースをかける。

p144
デセール
巨峰のコンポート

［材料と作り方］
器にカラメルソースをさっと塗る。リーフパイを置き、上に巨峰のコンポート、カラメルアイスクリーム、シャインマスカット、いちじくのコンポート、プチシューを並べ、くるみやアーモンドなどのナッツをのせて粉糖をふる。

p149
真鯛のスープ

［材料］
真鯛（淡路島産）の骨
車海老の殻
帆立貝柱（陸奥湾産の「天殻」）
卵白

［作り方］
❶ 真鯛の骨は炭火でさっと焼き、臭みと余分な水分をとばす。車海老の殻も炭火の上で転がすようにしてさっと焼く。
❷ P61の「ヨコワのスープ」の作り方❷〜❺と同様にする。

p150
南淡路の伊勢海老

［材料］
伊勢海老（南淡路産）
薄力粉
衣（冷水、卵、−60℃の冷凍庫から出したての薄力粉）
揚げ油（太白ごま油）
塩

［作り方］
❶ 伊勢海老は殻をはずして身を取り出す。−60℃の冷凍庫から出したての薄力粉をふり、衣にくぐらせる。
❷ 揚げ油を低めの中温（170℃）に熱し、❶を入れて、途中返しながら3分ほどかけてじっくり揚げる。
❸ 引き上げて巻き簾にとり、2分ほどおいて余熱で火を通す。塩をふり、食べやすく切って器に盛る。

p152
出水のすみいか、富山の海老、三河の海苔

［材料］
すみいか（出水産）
富山海老（殻に白い斑点がある牡丹海老と同じもの・富山産）
海苔（三河湾産）
塩水雲丹（函館産）
オリーブオイル
真鯛のスープ（前出）
塩
カペッリーニ
へべす（大分産）

［作り方］
❶ ソースを作る。海苔、オリーブオイル、塩少々、真鯛のスープを合わせて混ぜる。
❷ すみいかはごく細く切る。海老は殻をはずす。
❸ 鍋に湯を沸かし、飲んで美味しいくらいの塩を加えてカペッリーニをゆでる。ゆで上がったら流水で急激に冷やして締め、水をきる。
❹ ❶に❸を加えてあえ、器に盛る。雲丹をのせて塩をふり、いかをのせて塩をふり、へべすをしぼってかけ、海老をのせて塩、へべすをかける。残った海苔ソースを少し回しかける。

p154
武川のししゃも

［材料］
本ししゃも（武川産）
薄力粉
衣（冷水、−60℃の冷凍庫から出したての薄力粉）
揚げ油（太白ごま油）
塩
みょうが
バルセートラウデンセ（煮詰めたもの）
真鯛のスープ（前出）

［作り方］
❶ ししゃもは−60℃の冷凍庫から出したての薄力粉をふり、衣にくぐらせる。
❷ 低めの中温（170℃）の揚げ油で❶を2〜3分かけて揚げる。骨に火が入っているかを見極めながら、少しずつ温度を上げる。引き上げて油をきり、塩をふる。
❸ 器に盛り、みょうがを小口切りにしてバルセートラウデンセ、真鯛のスープと合わせたものを添える。

p156
城下米と竹崎かに

［材料］
竹崎かに（佐賀産）
塩
桜海老
薄力粉
揚げ油（太白ごま油）
米（城下さんの竹炭米）

［作り方］
❶ 竹崎かには3%の塩を加えた湯で
20秒、強火でゆでた後、蒸気の上がっ
た蒸し器で20分蒸してやわらかく火
を入れる。
❷ 米はさっと洗って竈で炊く。
❸ 桜海老をざるに入れ、−60℃の冷
凍庫から出したての薄力粉をふって余
分な粉を落とす。揚げ油を低めの中温
（170℃）に熱し、ほぐしながら揚げる。
❹ 炊き上がった❷を器に盛り、❶の
かにの身をほぐしてのせ、❸をかける。

p157
淡路の真鯛、釧路の
毛がに、陸奥湾の帆立

［材料］
真鯛（淡路島産）
帆立貝柱（陸奥湾産の「天殻」）
毛がに（釧路産）
シャンパン
（前日の残り・ブランドブラン）
真鯛のスープ（前出）

［作り方］
❶ 毛がには蒸して身をほぐす。
❷ シャンパンと真鯛のスープを合わせ
て少し煮詰める。
❸ 器に帆立、真鯛の切り身の順にの
せ、❷をかける。❶のかにをのせ、蒸
気の上がった蒸し器で蒸す。

p158
マカロニと
宇和島の車海老

［材料］
車海老（宇和島産）
手打ちマカロニ
ベシャメルソース（P61参照）
竹崎かにの脚（佐賀産・ゆでて殻をは
ずしたもの）
自家製パン粉
グラナ・パダーノ

［作り方］
❶ ベシャメルソースを作る。車海老は
殻をはずし、2〜3つに切る。P61の
材料の牛乳に、車海老の殻を入れて
煮出し、あとはP61と同様にする。
❷ 手打ちマカロニは飲んで美味しく感
じるくらいの塩を加えた湯でゆで、湯
をきる。
❸ 耐熱の器に❶の車海老、竹崎かに、
❷を入れ、❶のベシャメルをかける。
自家製パン粉、グラナ・パダーノを削っ
てかける。220℃のオーブンに入れて
15分、くつくつと沸いて、ベシャメルが
膨らむまで焼く。

p160
デセール
愛媛中山の和栗にビターの
グラサージュ

［材料と作り方］
和栗はゆでて牛乳で炊き、ペーストにし
て栗の形にかたちづくる。ビターチョコ
レートを溶かしたグラサージュでコー
ティングし、黒糖のシュトロイゼルを下
部にまぶし、栗に見立てる。てっぺんに
溶かして薄く削いだビターチョコレート
を飾る。

p165
鰆、海うなぎ、ぶどう海老のスープ

[材料]
鰆（淡路島産）の骨、
海うなぎ（響灘産）の中骨
ぶどう海老（羅臼産）の殻
卵白

[作り方]
❶ 鰆の骨と海うなぎの中骨は炭火で焼き、臭みと余分な脂、水分をとばす。
❷ 鍋に❶とぶどう海老の殻を入れてゆっくりと煮る。火からおろして鍋を氷で急激に冷やす。10℃くらいまで冷えたら漉し、鍋に戻し入れる。
❸ 卵白を溶きほぐして加え、再び火にかける。ゆっくりと混ぜながら、強めの火加減で卵白に不純物を吸わせ、清澄させる。
❹ P61の「ヨコワのスープ」の❺と同様にする。

p166
五島のかじきの唐揚げ

[材料]
かじき（五島産）
生姜酢（生姜の薄切り、千鳥酢）
本葛粉
揚げ油（太白ごま油）
ラディッシュ
ソース（バルセートラウデンセ、鰆、海うなぎ、ぶどう海老のスープ〈前出〉、レモン）

[作り方]
❶ 生姜を千鳥酢に漬け、生姜酢を作る。本葛粉は細かく砕いてふるう。
❷ ソースを作る。鍋にバルセートラウデンセ、鰆、海うなぎ、ぶどう海老のスープを入れて少し煮詰め、レモンをしぼる。
❸ かじきはさばき、4～5cm角の切り身にする。❶の本葛粉を刷毛で薄くまぶす。
❹ 揚げ油を低めの中温（170℃）に熱し、❸を入れて揚げる。油の温度を少し上げてころもを焼き固め、衣がしっかりしたら油の温度を160℃に下げてじっくり中まで火を通す。一度引き上げ、1～2分休ませて、再度からりと揚げる。
❺ ラディッシュをせん切りにして、❷のソースであえる。かじきを食べやすく切って器に盛り、ラディッシュをのせる。

p168
愛南のかつお

[材料]
かつお（愛南産・腹の身）
ソース（鰆、海うなぎ、ぶどう海老のスープ〈前出〉、千鳥酢、かつおの中骨を煮詰めたもの）
塩
わさび

[作り方]
❶ 器は人肌に温めておく。
❷ かつおのさくに串を打ち、強めの炭火で両面をさっと炙る。串をはずし、8mm厚さ（タタキよりも2mmほど薄く）に切る。
❸ ❶の器にソースを刷毛でさっと塗り、かつおを盛って、塩とわさびを添える。

p170
羅臼のぶどう海老

[材料]
ぶどう海老（羅臼産）
鰆、海うなぎ、ぶどう海老のスープ（前出）
レモン（玉野産）
塩
トマト（西条産）
アボカド
オリーブオイル
わさび
ラディッシュ

[作り方]
❶ トマトは湯むきし、アボカドとともに5mm角に切ってペーパーに上げて余分な水分をとる。
❷ 海老は殻をむき、卵と分け、鰆、海うなぎ、ぶどう海老のスープにレモンの輪切りと氷を加えたところに入れて洗い、水をふく。
❸ ❷を食べやすく切り、塩をふって、オリーブオイル、わさび少々、鰆、海うなぎ、ぶどう海老のスープほんの少しを加えてあえる。
❹ ラディッシュの薄切りを皿に敷き、❶をセルクルに詰めてのせる。セルクルをはずし、❸と海老の卵をのせ、上にもラディッシュの薄切りをのせる。

p171
きのこと南瓜のニョッキ

[材料]
南瓜
きのこ2～3種（好みのものでよいが、しいたけは強いので入れない）
白ワイン
自家製バター
牛骨のフォン（P62 参照）
生クリーム

[作り方]
❶ 南瓜は半割りにし、くぼみに白ワインを注ぐ。種やわたから甘みを引き出すため、ここでは除かない。アルミホイルで包み、140℃のオーブンに入れて2時間焼く。
❷ ❶を取り出し、皮とわた、種を除いて裏漉しする。絞り出し袋に入れて天板に絞り出し、一度冷凍し、さらに水分をとばす。
❸ きのこはざく切りにし、フライパンに少量のバターを溶かして炒める。しんなりしたら牛骨のフォンを少しずつ加え、香りが立って、少しメイラード反応が出るまでじっくりと炒める。途中、バターも少量足し、フォンを足しながら炒め煮にする。少し火を強めて煮立て、生クリームを少しずつ回し入れる。
❹ 190℃のオーブンで❷を3分焼く。
❺ 器に❸を入れ、❹のニョッキをのせる。

p172
トマトと帆立、秋なす

［材料］
トマト（最上産）
帆立貝柱（陸奥湾産の「天殻」）
絹かわなす（西条産）
揚げ油（太白ごま油）
玉ねぎ
オリーブオイル
みょうが
大葉
米油
自家製醤油

［作り方］
❶ トマトは常温で塩もみし、2日おいて、軽く発酵させながら、さらしなどを通してゆっくりと濾す（濾した液体は透明なエッセンスとなる）。玉ねぎ、炭火で焼いた帆立のひも、オリーブオイルと合わせる。
❷ なすは丸ごと、中温（180℃）の揚げ油で揚げる。引き上げて、手で触れるくらいになったら皮をむき、❶に漬ける。
❸ みょうがは小口切りにし、みじん切りにした大葉少々と合わせる。
❹ フライパンに米油をひいて帆立を焼く。表面をしっかり焼いたら中にじっくりと火を通す。自家製醤油少々をたらして風味を付ける。
❺ ❹、食べやすく切った❷のなす、❸を順にのせる。

p173
淡路の鰆と青森すじこ

［材料］
鰆（淡路島産）の腹の身
薄力粉
衣（冷水、－60℃の冷凍庫から出したての薄力粉）
自家製パン粉
揚げ油（太白ごま油）
タルタルソース（卵、千鳥酢、車海老〈養殖〉、かつお〈愛南産・背の身〉）
すじこ（青森産）
千鳥酢

［作り方］
❶ 鰆は厚めに切り、－60℃の冷凍庫から出したての薄力粉をふり、衣にくぐらせ、自家製パン粉を付ける。冷蔵庫に入れて休ませる。
❷ タルタルソースを作る。P63「海老フライ」の作り方❶を参照し、帆立の代わりにかつおの背の身を加えて混ぜる。
❸ すじこは80度の湯につけてほぐし（アニサキス予防のため）、千鳥酢に漬ける。
❹ 揚げ油を中温（180℃）に熱し、❶を入れて返しながら2〜3分揚げる。揚げ上がりに220度のオーブンに入れて、余分な油を落とし、さらに取り出してから数分落ち着かせる。
❺ 器に❹を盛り、❷をかける。上から❸のすじこをかける。

p174
響灘の海うなぎ

［材料］
海うなぎ（響灘産）
赤バルサミコ酢
鰆、海うなぎ、ぶどう海老のスープ（前出）
卵
米油
自家製バター
合わせ酢（千鳥酢、鰆、海うなぎ、ぶどう海老のスープ〈前出〉、塩）
米（城下さんの竹炭米）
大葉

［作り方］
❶ ツメを作る。赤バルサミコ酢と鰆、海うなぎ、ぶどう海老のスープを合わせて煮詰める。
❷ うなぎはおろし、串を打って炭火で焼く。ときどき❶のツメを刷毛で塗る。
❸ 米はさっと洗って竈で炊く。炊き上がったら合わせ酢と、大葉のみじん切りを加えてさっと混ぜる。
❹ 卵を溶きほぐし、鰆、海うなぎ、ぶどう海老のスープを加えて混ぜる。フライパンに米油をひいて火にかけ、一度油をあける。新しい米油を入れてなじませ、再度あけて、バターを加えて溶かし、卵液を薄く流す。さっと焼いたら、❷のうなぎを切ってのせ、❸のご飯ものせる。
❺ フライパンを返してまな板にあけ、食べやすく切る。

p175
デセール
ガトーショコラと
マスカルポーネのブリュレ

［材料と作り方］
小麦粉を加えないグルテンフリーのガトーショコラ（卵、カカオ分72％のチョコレート、バター、カラメル）の上に、マスカルポーネのブリュレをのせ、炭で焼き色を付ける。無糖のホイップクリーム、無糖のコーヒー風味のチュイールものせる。コーヒーシロップをさっと刷毛で塗り、マスカルポーネのムースを添えてカカオパウダーをふる。

「うちは最後の砦だから」。そう言ってくれるのは豊洲市場の仲卸、海老の浦井の二代目・浦井義之さんです。天ぷらの食材で圧倒的に優れた存在として知られますが、フレンチ、イタリアンなど名だたる料理人さんが浦井さんを頼ります。富山海老、噴火湾の毛がに、太刀魚、武川のししゃも、そして天殻の帆立。私も浦井さんの食材を使わない日はありません。「産直だけでいいんでしょうけど、時化のときでも豊洲には必ずどこかしらの港から魚が入ってくる。それが中央市場の役割。だから、どんなときも何とか魚を揃えてあげたい」そう言って走り回ってくれています。

天殻の帆立は浦井さんが直接産地から入れています。「出汁にも使っているっていうからびっくりした。すごい贅沢だなって」と笑われました。浦井さんによると、天然は繊維が柔らかく、食べると歯にまとわりつく感じがある。噛めば噛むほど甘みが出て、それが最後まで広がります。養殖のほうはいきなり"帆立"という味が前に出ます。

浦井さんの前職は仲卸に品物を売るほうの競り人でした。会社は昭和60年に先代が興し、親戚の会社も浦井さんが引き継いで、今の形に至ったそうです。昔の帳場はそのまま機能し、85歳になる先代も週に2度は朝5時から顔を出します。

豊洲には全国2000からある港から魚が入ってきます。そして、アジならアジという魚だけを何十年間も毎日触っているプロ中のプロがいます。浦井さんならキスを毎日千本は触っているでしょう。その人が「今日一番いいものだ」と太鼓判を押す魚を出してくれる。中央市場の凄みです。

column : 8

浦井さんのこと

冬の料理

師走

～12月～

2023年12月末日をもって虎ノ門 蝋の店を閉めます。このことは前から決めており、2年前にお客様にも伝えました。もともと店を始めるときから長くやるつもりはありませんでしたが、食材に夢中で向き合っていたら月日が経っていた、という感覚です。体感的にはワンシーズンくらいしかやっていない気がします。

最後の月だから何か料理が変わるのかというと、そんなことはありません。そもそも、例年この時期にクリスマスメニューのようなものをやろうとしたこともありません。ポインセチアも飾りません。もっと言えば、11月も12月も食材はさほど変わらないのです。私の都合より、食材ありきの姿勢を貫きます。

この日は福栄水産の岡元さんが九絵を送ってくれました。私が訪ねたときに、21kgもある立派な九絵が揚がっていて、それを送ってくれたのです。到着したての筋骨隆々の状態も美味しいですが、寝かせて筋肉と脂をゆるませて脱水し、旨みを引っ張ってから焼くことにします。流行の熟成とは違います。その手前で止めています。

五島のやいとかつおも岡元さんからの荷です。人生で一番美味しいくらい、過去一、しびれました。私たちは包丁を入れるまで良し悪しを確信できませんが、外見だけでそれがわかるところが岡元さんたちのすごいところだといつも感心します。あっぱれです。

生産者、仲買人の気合いはこのときに限ったことではありません。いつもの通りです。私も虎ノ門での毎日、届けてもらう食材にまっすぐ向き合わせてもらってきた自負はあります。最終日まで何も変えず、私らしくやらせてもらいます。

虎ノ門 蝋は終わっても日本の海・山・里には豊かな食材があふれています。生産者、仲買人の努力は続きます。そして、蝋の店を卒業する若手たちにはもっと大きな挑戦が待っているでしょう。私自身もますます自由に、佐藤 慶の料理を作らせてもらえたら幸せに思います。

ちょっと話が先走りました。2023年12月、ある日の料理を紹介させてもらいます。

ひらすずきのスープ

いつも通り、魚の骨のスープから始まります。スープ用にと集めた猪口だけで500、600個はあるでしょうか。どら焼きの生地用のとら匙を使ってよそうと、ちょうど猪口一杯分になります。大きすぎず小さすぎない匙のおかげで、スープを冷ますことなく、最適な温度でお出しできます。

普通のすずきとは背の形が異なる魚です。すずきは河川まで上がってくるためどうしても淡水の匂いが付きますが、こちらはずっと磯を回っていて、食べているものが違います。白波の立つ荒い磯にいるので、肉質もしまっています。衣の中で身の水分を水蒸気にしてふわっと蒸し上げる、いつもの揚げ方をしました。青いへべすの香りをふりかけています。

響灘のひらすずき

　九絵のような力のある魚から無駄なものを引いてやるのが私の中での料理です。まず、炭火の上で脂を落としていきます。
　炭火で焼くとき、若手には「見た目のことは気にしなくていい」と言っています。表面が真っ黒になったとしても、中まで温度が入っていくように。皮のまま焼くときは、また話は変わりますが。
　最初のスープに本葛粉でとろみを付けたソースをかけました。仕上げに穂紫蘇の花の香りを散らしています。

玄界灘の九絵

五島のやいとかつお

冒頭でお伝えした、福栄水産からのかつおです。11月と同様に、藁を使わず、かつお自身の脂の力で炙りました。ただ、この日のものは包丁が逃げるくらい脂がのっていたので、やや厚めに切っています。わさびも添えていますが、塩だけで十分です。

　お客様からリクエストがあると作ります。私も
トリュフはこれが一番好きな食べ方です。
　トリュフやキャビアのようなものはケチケチし
たら美味しくないですね。
　香りが飛ばないように重ねて削る努力をし、
フィユタージュのように積み上げます。バラバラ
に散らすだけでは削った瞬間は香りがしても、
口に入れると風味が消えてしまうので。
　熱々のホエイのパンと冷たいバターとともに。

ピエモンテの白トリュフ

　生の足赤海老と、やいとかつおの尻尾の部分を包んだラビオリです。ラビオリに熱が入ったときに中の具材にもきれいに火が入るように逆算しています。
　ラビオリは絶対に美味しい生地にしたい。松山のイタリア料理店で修業していた時代から研究を続けています。パスタマシンは何台も試し、家庭用のプラスチックの製麺機に落ち着きました。卵白で柔らかくなるのでステンレスのマシンでは思う食感が出せないのです。「ウマくてご麺」という愛嬌のある名前の商品が使いやすく、すごくいいです。手放せません。

響灘の足赤海老

十勝の鹿

「いい鹿が入ったよ」と、いつも雲丹を送ってくれる北海道の荻野さんが連絡をくれました。このようにお声がかかったときだけジビエの料理を出すことができます。

鹿の大腿骨からとったスープを塗って水分を補いながら、肉の下ではなく周りに集めた炭火の放射熱でゆっくり芯の温度を上げていきます。最後に火を強くし、ジュッジュッと焼き、切り分けます。

ソースは鹿の大腿骨も入れたフォンとピノノワールのワインです。自家製バターのマッシュポテトと。

デセール いちごのスフレ

　クリームで重そうに見えるかもしれませんが、中はフレッシュなあまおうのいちごと、それを少し炊いたソースのみです。スフレのように軽く焼いたカカオのスポンジとともに、口に含むとフッととろけて消えてしまいます。

長崎さんのこと

三河湾の海苔やあさり、ときどき九州や琵琶湖から魚も送ってくれる長崎工業の長崎浩二さん。工業？ と不思議に思われるでしょうか。精密機械鈑金の会社をご自分の代で拡大し、その後、釣り好きが高じて釣具の製造を、その釣具を試すためにボートの操船を、素晴らしい食材に出会って買い付けを、ワインの味を知ってからはワインの卸を……と、好きなことを突き詰めて超一級の仕事レベルにしてしまう、すごい人です。

海苔は昔、お祖母さんが養殖に携わっていたそうです。矢作川が三河湾に注ぐ河口のピンポイント、その水域の海苔の風味が忘れられなくて長崎さんが復活させました。センチメンタルな理由からではなく、日本中の美食を知る長崎さんが掛け値なしに最高の味だと思うから。焼き方も長崎さ

んの指定です。特に青混ぜ海苔はわざと焼きすぎず、青海苔の香りを保つのだそうです。

この海苔と塩むすび。長崎さんが愛する食べ方です。私はスープで溶かしてカペッリーニに合わせるのが好きです。「こんなことするの君くらいだよ。ほんと、すごいね」と、それはそれで大変気に入ってくださいました。「初摘みの海苔はやわらかくて、すーっと溶けるはず。それが良い海苔の証拠だよ」と話してくれた通り、スープと一緒になって素晴らしいソースになってくれます。

「なんでも半分仕事、半分遊び」とご本人は言いますが、道楽で終わらないために睡眠1時間で駆けずり回っている姿も知っています。「やりたいことをやりなさい。あっという間に人生は終わるんだから」ということも教わりました。

p185
ひらすずきのスープ

［材料］
ひらすずき（響灘産）の頭
九絵の骨
卵白

［作り方］
❶ ひらすずきの頭、九絵の骨は炭火で焼いて臭みと余分な水分をとばす。
❷ 鍋に❶を水とともに入れ、ゆっくりと煮る。火からおろして鍋を氷で急激に冷やす。10℃くらいまで冷えたら濾し、鍋に戻し入れる。
❸ 卵白を溶きほぐして加え、再び火にかける。ゆっくりと混ぜながら、強めの火加減で卵白に不純物を吸わせ、清澄させる。
❹ P61の「ヨコワのスープ」の❺と同様にする。

p186
響灘のひらすずき

［材料］
ひらすずき（響灘産）
薄力粉
衣（冷水、− 60℃の冷凍庫から出したての薄力粉）
揚げ油（太白ごま油）
塩
ソース（バルセートラウデンセ、ひらすずきのスープ〈前出〉）
あさつき
へべす（大分産）

［作り方］
❶ ひらすずきは三枚におろし、厚めに切る（2cm厚さくらい）。
❷ ソースを作る。バルセートラウデンセとひらすずきのスープを合わせて煮詰める。
❸ ❶に− 60℃の冷凍庫から出したての薄力粉をふり、衣にくぐらせて中温（180℃）の揚げ油で返しながら蒸すように揚げる。
❹ 巻き簾にとり、塩をふる。器に盛り、❷にあさつきの小口切りを加えたものをのせ、仕上げにへべすの皮を削りかける。

p188
玄界灘の九絵

［材料］
九絵（玄界灘産）
日本酒
塩
米酢（千鳥酢）
ソース（ひらすずきのスープ〈前出〉、本葛粉、塩、穂紫蘇）

［作り方］
❶ 九絵はさばいた後、日本酒9：塩0.5：米酢0.5を合わせたものでふき、厚手のキッチンペーパーにくるんで冷蔵庫で9 〜 10日間休ませる。途中、毎日酒でふき、ペーパーを替える。熟成ではなく、筋肉と脂をゆるめて、旨みを引き出しやすくする。
❷ ソースを作る。ひらすずきのスープを温め、塩少々を加える。本葛粉でとろみを付け、穂紫蘇を加える。
❸ ❶を4cm幅に切って串を打ち、塩をふり、炭火で焼く。表面は気にせず、中に火が入るように焼く。
❹ 器に盛って❷のソースをかける。

p190
五島のやいとかつお

［材料］
やいとかつお（五島産）
ソース（ひらすずきのスープ〈前出〉、千鳥酢）
塩
わさび

［作り方］
❶ 器を人肌に温める。
❷ ソースを作る。千鳥酢とひらすずきのスープを合わせて煮詰める。
❸ かつおはさばき、串を打って炭火で表面を炙る。
❹ 器に❷を刷毛でさっと塗り、かつおをやや厚めに切ってのせ、塩、わさびを添える。

p192
ピエモンテの白トリュフ

［材料］
白トリュフ（ピエモンテ産）
岩塩
ホエイ入りパン（P63参照）
自家製バター

［作り方］
❶ トリュフは岩塩の上にしばらく置く。専用のスライサーでスライスする。
❷ 焼きたてのホエイ入りパンに切り目を入れ、冷やした自家製バターと、たっぷりのトリュフを層にしたものを挟む。

p194
響灘の足赤海老

［材料］
足赤海老（響灘産）
やいとかつお（五島産・尻尾の身）
卵
千鳥酢
塩
手打ちラビオリ（手打ちパスタの生地
〈P62 参照〉、卵白）
卵黄
ソース（西条のトマトのピューレ〈P120
参照〉、ひらすずきのスープ〈前出〉、
にんにく、生クリーム〈根釧牧場産〉）
白胡椒

［作り方］
❶ ラビオリ生地を作る。手打ちパスタ
の生地に卵白を追加して、ちゅるんとし
た食感を出す。パスタマシン（ウマくて
ご麺）で薄くのばし、6〜8角形にパス
タカッターでカットする。
❷ フィリングを作る。足赤海老は殻を
むいて食べやすく切り、やいとのかつお
の尾、卵、千鳥酢、塩を加えて混ぜる。
❸ ❶の生地にフィリングをのせ、ふち
に卵黄を付けてもう1枚の生地をかぶ
せ、とじる。
❹ ソースを作る。西条のトマトのピュー
レとひらすずきのスープを合わせ、丸ご
とのにんにくを加え、足赤海老の頭と
殻を入れて煮る。シノワで濾してさらに
少し煮詰め、仕上げに生クリームを加
える。
❺ 鍋に湯を沸かし、飲んで美味しいと
感じるくらいに塩を加え、❸のラビオリ
をゆでる。器にゆで上がったラビオリを
盛り、❹のソースをかけて白胡椒をひ
く。

p196
十勝の鹿

［材料］
鹿肉（十勝産）
鹿の骨
牛骨のフォン（P62 参照）
赤ワイン（ピノノワール）
自家製バター
マッシュポテト（P62 参照）

［作り方］
❶ ソースを作る。鹿の骨はオーブンで
2〜3時間焼く。筋とともにフライパン
に入れて焼き焦がし、脂を落とす。牛
骨のフォンと赤ワインを加えて煮る。1
〜2時間煮て、シノワで濾す。さらに少
し煮詰め、自家製バターを加える。
❷ 鹿肉は鉄のフライパンで表面を焼
き固めるようにさっと焼き、炭火に移し
て、ふたをかぶせ、フォンをときどき塗
りながらじっくりと焼く。
❸ 器にセルクルを置き、マッシュポテト
を盛る。鹿肉は食べやすく切り、セル
クルをはずしてマッシュポテトの上に盛
る。❶のソースをかける。

p198
デセール
いちごのスフレ

［材料と作り方］
カカオのスフレ生地で作ったロール
ケーキに、あまおう（八女産）と、あま
おうで作ったソースを混ぜてのせる。
根釧牧場の生クリームを泡立て、いち
ごを覆うように絞り出す。飴で作った
三日月を頂上にのせる。

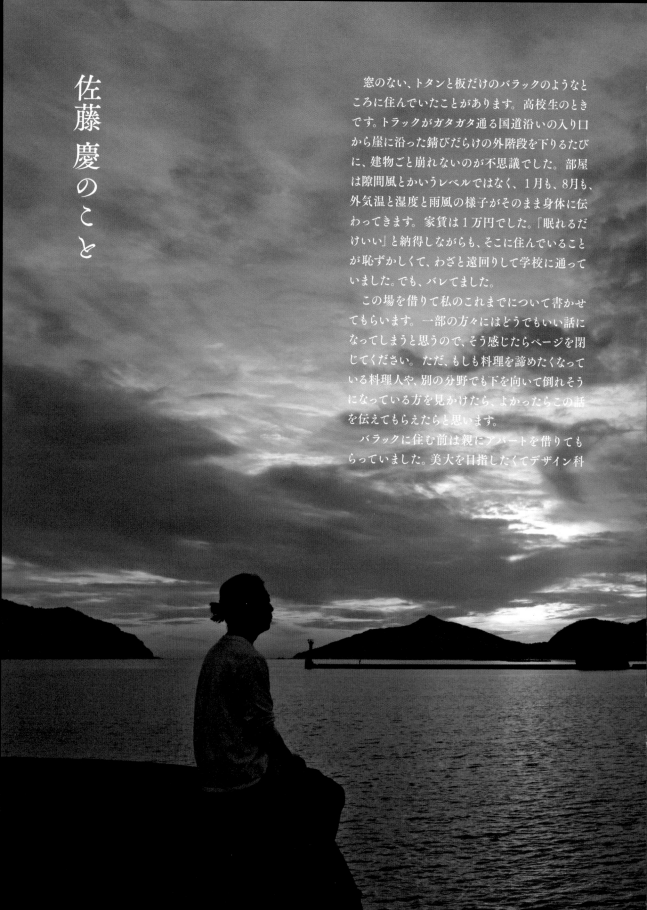

佐藤 慶のこと

窓のない、トタンと板だけのバラックのようなところに住んでいたことがあります。高校生のときです。トラックがガタガタ通る国道沿いの入り口から崖に沿った錆びだらけの外階段を下りるたびに、建物ごと崩れないのが不思議でした。部屋は隙間風とかいうレベルではなく、1月も、8月も、外気温と湿度と雨風の様子がそのまま身体に伝わってきます。家賃は1万円でした。「眠れるだけいい」と納得しながらも、そこに住んでいることが恥ずかしくて、わざと遠回りして学校に通っていました。でも、バレてました。

この場を借りて私のこれまでについて書かせてもらいます。一部の方々にはどうでもいい話になってしまうと思うので、そう感じたらページを閉じてください。ただ、もしも料理を諦めたくなっている料理人や、別の分野でも下を向いて倒れそうになっている方を見かけたら、よかったらこの話を伝えてもらえたらと思います。

バラックに住む前は親にアパートを借りてもらっていました。美大を目指したくてデザイン科

のある松山の高校に通うためです。

　実家は愛媛県宇和島市という四国西端の町にありました。わりと裕福で、祖母は市の議員をしており、父はガソリンスタンドを営みながら柔道の道場をやっていました。その家と高校が車で1時間以上も離れていたので、入学と同時に一人暮らしをしました。育った町ではさほど珍しいことではありません。

　1日10時間もデッサンの練習をし、掃除や洗濯を自分ですることを除けば、どこにでもいる普通の高校生でした。ところがある朝、新聞で「宇和島市の議員、失踪」という文字を見ることになります。祖母のことです。どうやら父も母も弟も、一家丸々いなくなってしまったらしい。夜逃げです。詳しい事情は今もわかりません。ですが、私の高校にまで街宣車が来て「佐藤、借金返せ」と叫んでいたので、金銭的なトラブルだったのでしょう。すでに家を出ていた兄や姉にも連絡を取ることができず、仕送りが途絶えた私を見かねた親戚があのバラックを世話してくれました。

　美大受験どころではありません。授業以外の時間は、弁当屋さん、酒屋さんなど、10円でも時給のいいバイトを掛け持ちしました。食事は友達のお母さんがおかずを分けてくれました。それと学校の自販機で買うパンでお腹を満たしました。

　卒業の時期が来て、美大の学費を貯めるために就職しなければと思いました。やっと連絡し合えるようになった姉が求人誌で給料のいい勤め先を探してくれ、それが松山の「アマーレアマーレ」というイタリア料理店です。

　同期はみな調理師学校を出ており、調理師免許もないのは私だけでした。身体が大きいこともあって厨房の障害物でしかありませんでした。先輩は私を「でく」と呼びました。木偶の坊のでく、です。でも、生きていくためには居させてもらうしかなく、店中をきれいにする担当になろうと思いました。フライパンを焼き（火災報知器が鳴るまで煙を出して大変なことになりました）、店の前の道路の白線まで塗り直し（警察に怒られました）、とにかく1ヶ月、もうあと1ヶ月、とやって

いたら、だんだん楽しいことも見えてきました。

　周りとスキルが違いすぎて店ではじゃがいもの皮むきすらさせてもらえない状況だったので、新米主婦向けの「基本の料理」みたいなシリーズ本を買って、仕事終わりに1ページずつ作りました。チーズケーキを作ったとき、店のアルバイトさんたちに出してみたら「美味しい！」と言ってもらえました。とても嬉しくて、この仕事は人を感動させられるんだな、とわかりました。これは今もモチベーションの多くを占めています。

　1年が過ぎたころ、大学の学費なんてとても貯まらない、という現実が見えました。絵を描くことしか興味のなかった人間なので、それができないのなら何をやっても同じ、どうせ大変な思いをするならここで全力でやってみようと決めました。気がついたら先輩たちを差し置いて花形であるストーブ前の担当になり、2号店の店長にもなりました。

　6年の濃密な時間を過ごさせてもらいました。その後の独立準備のときのことはP85で触れました。

　最初に開いたのは芦屋「DOHVA」という小さな店です。駑馬十駕という四字熟語があります。才能のない馬も走り続ければ名馬に追いつけるという言葉です。その駑馬をもじってDOHVAとしました。資金もなく、技術も粗削りでしたが、知る限りの最高の食材を仕入れました。お客さんはさほど入りません。心を痛めながら食材を無駄にする日々が3年ほど続きました。今の私の食材に向き合う姿勢、食材を生かそうとする引き出しはこの時代に養われたものです。

　だんだん「すごい食材でやばいことをやっている奴がいる」と評判になり、お客様のほうから「もっと払うよ」と言ってくださって、最後は3万円のコース料理の店になりました。そして東京・銀座に拠点を移し、「銀座　盡」として再スタートを切ることになります。盡は「尽」の旧字体で「皿に尽くす」という意味です。その後が虎ノ門　虓です。

　ちなみに、「虓」の字は九段下か虎ノ門で店の物件を探していたので、九に虎という安直な考えです。でも、私にとって再び大きな挑戦だったの

で、虎が吠えるようなこの名を掲げました。そして大好きな三日月を組み合わせてデザインしました。

長々と余計なことを書きました。自分語りをしたいわけではなく、伝えたかったのは、どんなことがあっても、どんな人間でも、なんとかなる、ということです。努力すればここ辺りまではたどり着けます。虎ノ門 虓ではお一人5万円以上頂戴していました。それでも予約可能日は数年後、キャンセル待ちは月300組ということもありました。それだけお客様に虓の料理を愛していただき、私は仕事のおかげで嬉しさも、幸せもたくさん知りました。

ここまでなら才能もセンスも後ろ盾もいりません。努力だけです。努力は嘘をつきません。世の中、嘘つきばかりだと思えるかもしれませんが、努力して悪いことはない。だから諦めないでほしいと思います。自分を信じて、貫き、工夫して、頑張っていればなんとかなります。認めてくれる人、応援してくれる人、助け船を出してくれる人、ともに戦ってくれる人が必ず現れます。このことを、必要としている人に伝えることができたら幸いに思います。

写真上／一人暮らしをしながら通った松山南高校砥部分校。近年存続が危ぶまれることもあったが、再び美術を学べる貴重な学校として脚光を浴びている。下段写真左から／松山市内、料理の道に入るきっかけとなった「アマーレアマーレ」2号店のあった思い出深い通り。「アマーレアマーレ」の阿部秀之オーナーシェフとマダムと。変わらぬ笑顔の素敵なお二人。「アマーレアマーレ」でともに働いた兄弟子の営む松山の「イタリア食堂 ZiZi」にて。高校の近く、砥部焼「一夢工房」の大西 潤さんと。温かみのある器は店でも使用。

これからの虩

世阿弥が次の言葉を残しています。「上がるは三十四、五までのころ、下がるは四十以来なり」「ワキのシテに花をもたせて、自分は少な少なに舞台をつとめよ」。30代で評価を得て、40代は人を育てる。私はその生き方を目標にしてきました。虎ノ門 虩を始めようと決意したのはそのためです。

一人でパフォーマンスを保つには6席がベストだと思っています。DOHVAも銀座 盡もその規模でやってきました。お客様とのその距離感が私は好きです。けれど、若手を育てるために16席に挑みました。正直、お金も桁違いにかかりました。いろいろありましたが、みんなよく頑張ってくれて、しっかり力がつきました。

彼らには「一秒でも早く出ていってくれ」と言い続けてきました。「できれば20代のうちに自分の店を持ちなさい」と。海外に行くのもいいでしょう。彼らが独立し、成功するまでが私の40代の目標です。もう私の下にいる必要はない。次のステップを用意して、私も次のステップに進みます。

それが虎ノ門 虩を閉める理由です。

私は新たに6席規模の店を始めようかと考えています。そして彼らには別の店を任せます。料理人として成功するためには圧倒的な技術が必要ですが、技術だけでは足りません。それを身につける近道を作ってやりたいと思いました。もちろん、その店も一秒でも早く出ていってほしいと思います。

2024年1月2日から店の解体作業が始まります。

ここでの毎日、そして本書の制作において、神谷德顕くん、重富玲来くん、吉次光輝くんが頑張ってくれました。私が彼らだけに教えてきたことを公開することについても快く承諾してくれました。ありがとう。これから、格好良く生きてください。

最後になりましたが、虎ノ門 虩に大切な時間を使ってくださった皆様に心から感謝申し上げます。

ありがとうございました。

佐藤 慶（さとう けい）

1980年愛媛県宇和島市生まれ。幼少期から父が営む柔道場で黒帯を目指して研鑽を積む。15歳で実家から100km離れた松山南高等学校砥部分校に進学、一人暮らしを始める。高校時代に実家をなくし、アルバイトをしながら同校を卒業。美大に進学する費用を貯めるために探した松山のイタリア料理店「アマーレアマーレ」で料理の世界に入る。同店での6年の修業を経て兵庫県に移り、朝は市場で働き、昼まで鮨店で魚の仕込み、夜は焼き鳥屋で炭の使い方を学び、時には夜中に練り物工場で働いて資金を貯め、2009年芦屋市に「DOHVA（ドーヴァ）」を開店。ひたすらに素材に挑み、客単価3000円からスタートして5年後には3万円のコースを出すまでになる。その後、東京に進出し、6席の店「銀座 盡（じん）」を開店、予約困難な人気店に。若手スタッフの育成を目指し、2019年に16席の店「虎ノ門 虓（COH）」を開店。2023年12月31日に惜しまれながら同店を閉店。2024年に初心に返って都内に再び6席の店「水右衛門」を開店予定。愛猫に「うに」と名付けるほどの雲丹好き、オートバイ好き。

素材に挑む 虎ノ門 COHの料理

2024年2月22日　初版発行

著者／佐藤 慶

発行者／山下 直久

発行／株式会社KADOKAWA
〒102-8177　東京都千代田区富士見2-13-3
電話 0570-002-301（ナビダイヤル）

印刷所／TOPPAN株式会社
製本所／TOPPAN株式会社

●お問い合わせ https://www.kadokawa.co.jp/（「お問い合わせ」へお進みください）
※内容によってはお答えできない場合があります。
※サポートは日本国内に限らせていただきます。
※Japanese text only

定価はカバーに表示してあります。